Gudrun Kulzer
Bibliothek der dritten Lebensphase
Praxiswissen

Praxiswissen

Gudrun Kulzer

Bibliothek der dritten Lebensphase

Angebote für die Zielgruppe der Älteren

DE GRUYTER
SAUR

ISBN 978-3-11-026952-9
e-ISBN 978-3-11-026961-1
ISSN 2193-0198

Libary of Congress Cataloging-in-Publication Data
A CIP catalog record for this book has been applied for at the Libary of Congress.

Bibliografische Information der Deutschen Nationalbibliothek
Die Deutsche Nationalbibliothek verzeichnet diese Publikation in der Deutschen Nationalbibliothek; detaillierte bibliografische Daten sind im Internet über http://dnb.dnb.de abrufbar

Zeichnungen: Angela Holzmann, aha Design, München; Oliver Köjer, Duisburg
Satz: le-tex publishing services GmbH, Leipzig
Druck und Bindung: Strauss GmbH, Mörlenbach
♾ Gedruck auf säurefreiem Papier
Printed in Germany

www.degruyter.com

Inhalt

1 Einleitung

„Kein Lebensabschnitt ist so vielfältig wie das Alter“, sagte die Ministerin Kristina Schröder, als sie im November 2010 den 6. Altenbericht vorstellte. Sie betonte weiterhin, dass „wir ein realistisches und differenziertes Bild vom Alter zeichnen müssen. Denn die Phase zwischen 65 und 85 erleben die meisten Menschen nicht in Krankheit und Gebrechlichkeit, sondern aktiv und gesund. Diese Potenziale des Alters müssen wir stärker nutzen“[1]. Diese Aussage der Ministerin verdeutlicht, dass die Wirklichkeit sich von den Altersbildern, die wir im Kopf haben, unterscheidet.

Ein Grund mehr, die älter werdende Bevölkerungsgruppe in den Fokus unserer Arbeit zu stellen. Allein das Bereitstellen von Großdruckbüchern, Lesebrillen und aufsuchender Bibliotheksarbeit wird nicht ausreichen, die Älteren für die Bibliothek zu begeistern. „Die immer zahlreicher werdenden Älteren sind eine Herausforderung für die Politik und auch für Öffentliche Bibliotheken. Sie sind eine Zielgruppe, die noch lange nicht als Nutzer und Nutzerinnen in Bibliotheken erschlossen sind“[2], stellte Inga Czudnochowski-Pelz in einem Artikel im Jahr 2000 fest. Wir werden sie nicht alle erreichen, denn schließlich handelt es sich nicht um eine homogene Gruppe, sondern um Menschen mit vielseitigen Interessen und Bedürfnissen.

---

1 Sechster Altenbericht veröffentlicht: Altersbilder in der Gesellschaft, 17.11.2010.

2 Czudnochowski-Pelz, Inga: Vom Ehrenamt zur Selbsthilfe, BuB 52/2000, S. 22 ff.

2 Der demographische Wandel

Mit dem Begriff „demographischer Wandel“ wird die Veränderung der Zusammensetzung der Altersstruktur einer Gesellschaft bezeichnet.

Der Begriff ist zunächst weder positiv noch negativ behaftet und kann sowohl eine Bevölkerungszunahme als auch eine Bevölkerungsabnahme bezeichnen. Die demographische Entwicklung wird dabei von folgenden drei Faktoren beeinflusst:

- der Fertilität/Geburtenrate;
- der Lebenserwartung;
- und der Zuwanderung bzw. Abwanderung.

Die Entwicklung der Bevölkerungszahl ergibt sich also aus der Summe des Wanderungssaldos und des Geburten- oder Sterbeüberschusses.

Der demografische Wandel ist der Ausdruck, der sich für die Vorgänge der demografischen Alterung in der Öffentlichkeit und Presse eingebürgert hat. Demografische Alterung ist jedoch der wissenschaftlich korrekte Ausdruck.[3]

Die demografische Alterung ist als Vorgang aufzufassen, der das Durchschnittsalter einer Bevölkerung (Medianalter, in dem sich eine Bevölkerung in zwei gleich große Teile Älterer und Jüngerer teilt) ansteigen lässt. In jungen, wachsenden Bevölkerungen kann es bei 20 Jahren liegen, in Europa liegt es aktuell bei 40 Jahren. So gesehen altern die Bevölkerungen weltweit, jedoch von unterschiedlichen Altersstufen aus. In Europa und Ostasien ist demografische Alterung am weitesten fortgeschritten: Der Anteil älterer Menschen einer Bevölkerung (60 Jahre und älter) wächst dort vergleichsweise rasch an. Das bewirken zwei Komponenten: (a) ein Jugendrückgang wegen geburtenschwacher Jahrgänge und (b) eine steigende Lebenserwartung in den hohen Altersklassen. Der Jugendrückgang (a) ist mit zwei Dritteln an diesem Vorgang beteiligt. Beide Komponenten (a und b) erhöhen das besagte Medianalter mit folgender Wirkung: Bis 2050 wird in den modernen Gesellschaften ein Drittel der Bevölkerung 60 Jahre und älter sein.[4]

2.1 Die Gesellschaft der Alten

Nach Japan ist Deutschland die älteste Nation der Welt. Vor 150 Jahren lag die Lebenserwartung eines Menschen noch bei 40 Jahren. „Neugeborene Mädchen werden heute 82 Jahre und 7 Monate, neugeborene Jungen 77 Jahre und 6 Monate.“[5] Diese Werte werden laut Prognosen des Statistischen Bundesamtes in den kommenden Jahrzehnten noch steigen. Die Lebenserwartung 2060 von neugeborenen Mädchen wird 89,2 Jahre, die von neugeborenen Jungen 85 Jahre betragen.[6] Diese steigende Lebenserwartung ist für viele der „Best Ager“ oder „neuen Alten“ ein Grund zur Freude. Das Gefühl, wirklich alt zu sein, tritt immer später ein. Nicht zuletzt auch aufgrund der Tatsache, dass sie auch im fortgeschrittenen Alter fit bleiben.

---

3 http://wirtschaftslexikon.gabler.de/Archiv/895002/demografischer-wandel-v3.html.

4 http://wirtschaftslexikon.gabler.de/Archiv/2581/demografische-alterung-v9.html.

5 Statistische Bundesamt Deutschland: Pressemitteilung Nr. 343 vom 20.09.2011 http://www.destatis.de.

6 A.a.O.

Mehr ältere Menschen, weniger geborene Kinder als früher: Führt die Alterung der Gesellschaft auch zu weniger Wachstum, wie Forscher befürchten? „Ein abschreckendes Beispiel ist Japan. In Japan gehen in den nächsten Jahren die Babyboomer in den Ruhestand. Sie sind die reichste Generation in der japanischen Geschichte. Statt zum Vorbild dafür zu werden, wie auch eine alternde Gesellschaft wirtschaftliche Dynamik entfalten kann, droht Japan zum abschreckenden Beispiel zu werden. Japan ist schon lange kein Land des Aufbruchs mehr. Die Arbeitseinkommen in den meisten Haushalten machen heute schon weniger als die Hälfte der Einnahmen aus. Das liegt daran, dass die Generation, die jetzt in den Ruhestand geht, sehr wohlhabend ist. Wer über 69 Jahre alt ist, hat in Japan im Schnitt mehr als 96.000 Euro gespart. Hinzu kommt, dass Menschen, die vom Ersparten leben, sich nicht über sinkende Preise beklagen und auch nicht nach Veränderungen und wirtschaftlichen Reformen rufen. Die Japaner haben ihr Konsumverhalten zurückgefahren und überlegen lange, welche Anschaffungen notwendig sind. Für die japanischen Senioren sind die Sicherheit der Pensionen und die Abwesenheit von Inflation wichtiger, als dynamisches Wachstum zu schaffen. Japan könnte für andere alternde Gesellschaften von Südkorea bis Deutschland zum Beispiel werden, wie man es nicht machen sollte. Eine alternde Gesellschaft muss ihre Arbeits- und Finanzmärkte bewusst global öffnen und junge, qualifizierte Zuwanderung zulassen, um den Wohlstand auch in Zukunft zu sichern.“[7]

Für moderne Gesellschaften ist der demographische Wandel nichts Ungewöhnliches. Den Herausforderungen, die er in sich birgt, muss sich die Gesellschaft stellen. Dazu gehört u. a. die Teilhabe der Älteren am gesellschaftlichen Leben. Bildungs- und Kultureinrichtungen müssen nicht nur Angebote für Ältere im Programm haben, sondern auch Konzepte entwickeln, wie sie Ältere in ihre Arbeit integrieren können.

7 Germis, Carsten: Japan, das älteste Land der Welt in: FAZ 1.10.2011 http://www.faz.net/aktuell/wirtschaft/wirtschaftspolitik/japan-das-aelteste-land-der-welt-11447041.html.

2.2 Fakten

Insgesamt leben derzeit 81,2 Millionen Menschen in Deutschland.

Die Gruppe der unter 20-Jährigen beträgt 2012 14,6 Millionen bzw. 18 %. Die Altersgruppe der 65-Jährigen und älter fasst 16,9 Millionen bzw. 21 %.

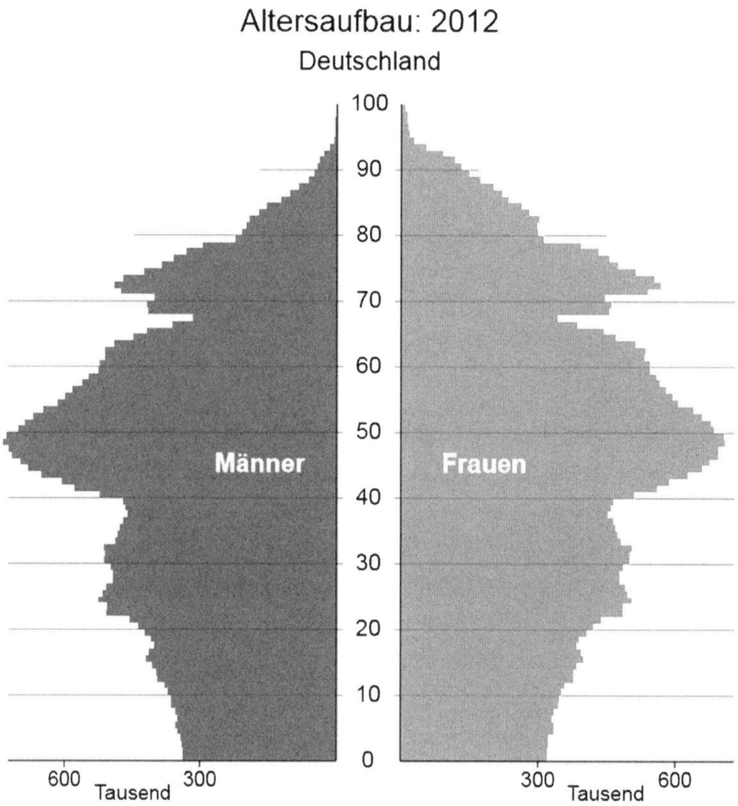

Abb. 1: Altersaufbau 2012

Im Jahr 2050 werden voraussichtlich 69,4 Millionen Menschen in Deutschland leben. Der Anteil der jungen Menschen wird weiter abnehmen. Die unter 20-Jährigen werden 10,7 Millionen sein bzw. 15 % ausmachen. Die Altersgruppe der 65-Jährigen und älter wird 23 Millionen bzw. 33 % betragen.

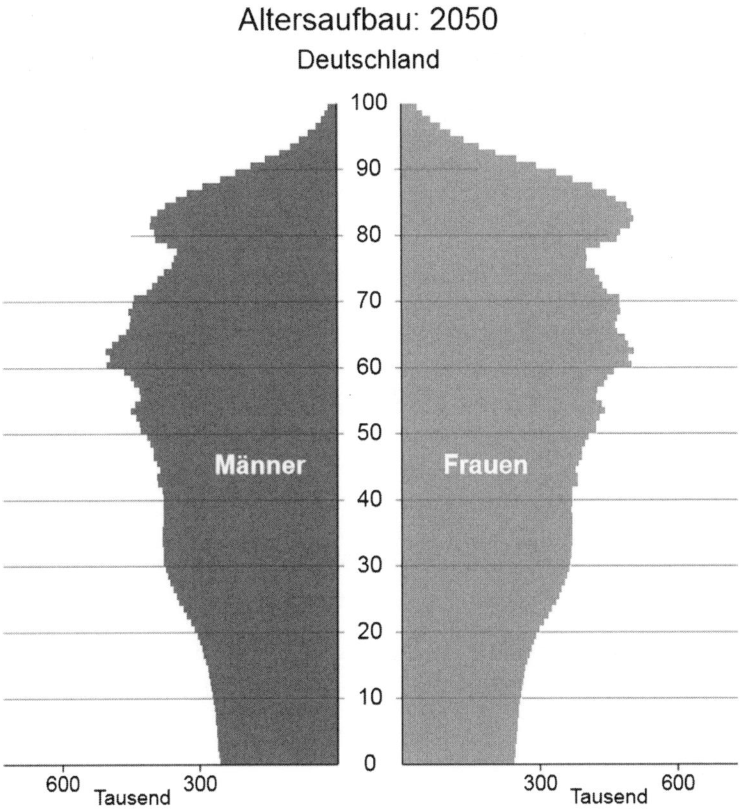

Abb. 2: Altersaufbau 2050[8]

8 https://www.destatis.de/bevoelkerungspyramide/.

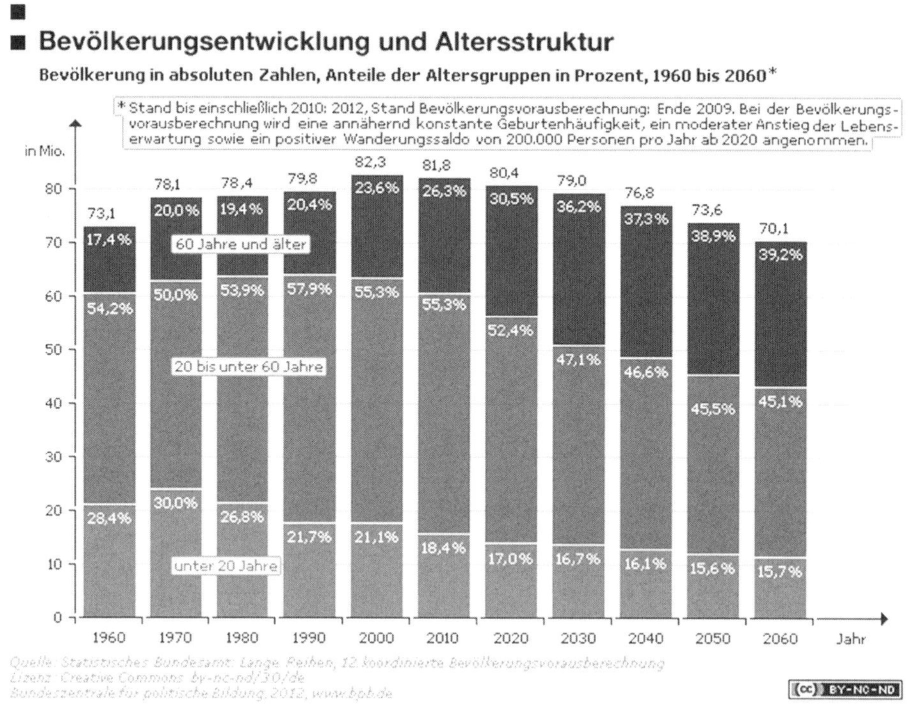

Abb. 3: Bevölkerungsentwicklung und Altersstruktur [9]

Für die Prognose sind die Statistiker von mehreren Annahmen ausgegangen: Die Geburtenhäufigkeit bleibt gleichbleibend niedrig bei 1,4 Kindern. Um die Bevölkerungszahl langfristig zu erhalten, müsste jede Frau jedoch durchschnittlich 2,1 Kinder bekommen. Die Einwohnerzahl wird bis 2050 auf rund 70 Millionen zurückgehen. Eine weitere Annahme ist, dass die Lebenserwartung weiter ansteigen wird.[10]

2.3 Was bedeutet Alter?

Was heißt nun Alter, was bedeutet Alter?

Beginnt mit dem Alter die unvermeidliche Phase des geistigen und körperlichen Verfalls? Alt sein wird häufig mit den Begriffen Gebrechlichkeit, mangelnde Flexibilität, Vergesslichkeit, Vereinsamung gleichgesetzt. Diese Vorurteile gegenüber älteren Menschen äußern nicht nur Junge, sondern auch Ältere schreiben Menschen ihrer Altersgruppe diese Merkmale zu. Wie der Einzelne altert, hängt auch von seinen Erwartungen ab. Viele ältere Menschen versuchen dem Verfall entgegenzuwirken, indem sie sich sportlich betätigen, gesund ernähren oder sich eine Aufgabe suchen, die sie fordert.

Im Frühjahr 2011 habe ich im Rahmen eines Workshops für große und mittelgroße Bibliotheken in Nordrhein-Westfalen zum Thema „Seniorenarbeit in der Bibliothek" abgefragt, was die Teilnehmerinnen mit Alter verbinden. Es waren 18 Teilnehmerinnen und jede hatte zwei Karten zur Verfügung für je ein positives und ein negatives Merkmal. Zum Teil wurden die Merkmale mehrfach genannt.

9 Bundeszentrale für politische Bildung. 26.09.2012http://www.bpb.de/nachschlagen/zahlen-und-fakten/soziale-situation-in-deutschland/61541/altersstruktur.

10 A.a.O.

Positiv werden folgende Begrifflichkeiten mit dem Alter verbunden:
- Unentdeckte Kreativpotenziale
- Aktivität – geistige Fitness
- Gelassenheit
- Neue Welten entdecken
- Weisheit
- Freizeit, Zeit haben.
- Negativ werden Begriffe mit dem Alter assoziiert wie:
- Gefahr der Vereinsamung
- Körperliche Beeinträchtigungen (Gebrechlichkeit)
- Gesundheitliche Einschränkungen
- Beschränkung.

Mit den Vorurteilen über das Alter beschränken sich die Menschen. Durch Vorbilder für das Altern kann dem sich „älter Denken“ entgegengesteuert werden. Es sollte die Haltung abgelegt werden, sich im mittleren Erwachsenenalter zurückzulehnen und auf Defizite zu warten. Vorbilder für einen neuen Umgang mit dem Älterwerden könnten die heute 60-Jährigen sein. Denn viele in diesem Alter erkennen ihre Stärken und bringen diese selbstbewusst in die Gesellschaft zu deren Wohle ein.

Das Alter lässt sich nach vier Faktoren unterscheiden:
1. Kalendarisches Alter
   Dies ist das Alter nach dem Geburtsdatum. Es dient der Organisation von gesellschaftlichen Abläufen (z.B. Schuleintritt, Volljährigkeit). Es ist nicht von unmittelbarer Bedeutung, da Altwerden unterschiedlich empfunden wird
2. Biologisches Alter
   Darunter versteht man die nachlassenden Fähigkeiten des Körpers (z.B. Funktionsstörungen des Herz-Kreislaufsystems, Hautalterung).
3. Psychologisches Alter
   Dieses Alter wird auch mit Reifungsprozess gleichgesetzt und hängt von Schicksalen, Ereignissen und sozialen Faktoren ab, die der Einzelne erlebt.
4. Soziologisches Alter
   Gesellschaftliche Faktoren prägen und beeinflussen das soziale Handeln von älteren Menschen. Es trifft den Einzelnen, aber auch eine Gruppe (Kohorte).

Durch Kommunikation und Medien werden Bilder mit dem Alter assoziiert.

Zitat:
„Altwerden ist ein herrlich Ding, wenn man nicht verlernt hat, was anfangen heißt.“
(Martin Buber)

2.4 Altersbilder in der Gesellschaft

Bei Altersbildern handelt es sich um Überzeugungen, allgemein verbreitete Meinungen und Einstellungen über das Alter und das Älterwerden. Von den Altersbildern hängt die Zukunft des Alterns ab. Altersbilder sind nicht „naturgegeben“, sondern soziale Gebilde, die von historischen und kulturellen Rahmenbedingungen abhängig sind. Jeder Einzelne hat mehrere und verschiedene Altersbilder im Kopf. Von seiner jeweiligen Situation, seiner Erfahrung hängt es ab, welches Altersbild für ihn Vorrang hat. Im Arbeitsleben, z. B. im Bereich der Pflege, herrscht ein anderes Altersbild vor als in der Politik (z. B. Joachim Gauck, Giorgio Napolitano).

Altersbilder können sich ändern. Im Arbeitsleben ändert sich langsam die Meinung, dass ältere Arbeitnehmer nicht mehr so leistungsfähig sind wie jüngere. Dies ist auf eine Zeit zurückzuführen, in der ältere Beschäftigte durch Frühverrentung und Abfindung möglichst früh aus dem Arbeitsleben ausgegliedert wurden. Mit Einführung der stufenweisen Anhebung des Renteneintrittsalters auf 67 Jahre im Jahr 2007 entstand auch die Forderung, die Beschäftigungsquote für Ältere deutlich zu erhöhen. Inzwischen setzen immer mehr Firmen auf altersgemischte Teams. Sie bringen nicht nur die Generationen zusammen, sondern beugen einer Entfremdung der Altersgruppen vor. Es werden unterschiedliche Kompetenzen miteinander verknüpft, von der Schnelligkeit und Neugier der Jungen bis zur Erfahrung und dem Prozesswissen der Älteren.

Eine besonders wichtige Rolle für die Entstehung von Altersbildern spielen die Medien. Die Massenmedien vermitteln über Werbung und Fernsehfilme Altersbilder, die unsere Meinung und Vorstellung über das Älterwerden und ältere Menschen prägen. Dabei ist entscheidend, welche Merkmale den Älteren zugewiesen werden. Denn diese lösen bei den Zuschauern negative oder positive Assoziationen aus.

Altersbilder hängen aber auch vom Bildungsstand der jeweiligen Person ab. Je höher dieser ist, desto positiver sieht diese Person dem Älterwerden entgegen. In diesem Zusammenhang ist es auch wichtig, welche Weiterbildungsangebote Älteren geboten werden. Diese Angebote sind am ergiebigsten, wenn sie informelle Lerninhalte beinhalten und nicht ausschließlich formalisiert stattfinden.

Aber auch Bildungsinteressen, die in jungen Jahren nicht ausgelebt wurden, lassen sich im Alter nachholen. Im Jahr 2012 gab es ca. 25.000 Seniorenstudenten, Tendenz steigend, da die Älteren immer länger geistig fit bleiben.

Neue, positive Altersbilder können auch durch ehrenamtliches Engagement entstehen. Indem ältere Menschen Mitverantwortung für die Zivilgesellschaft übernehmen, können sie neue Aufgaben und Rollen ausprobieren. Die unterschiedlichen Möglichkeiten des Engagement stellen einen wichtigen Beitrag zur sozialen Integration und zu einem sinnerfüllten Leben dar.

Das Alter muss neu betrachtet werden. Weg von einer Fokussierung auf Hilfsbedürftigkeit und Fürsorge hin zu einer Stärkung der Gestaltungsspielräume und Entwicklungspotentiale im Alter.

2.5 Die Bedeutung der dritten bzw. vierten Lebensphase

Die Menschen in Deutschland gehen immer später in Rente. Nach einer Studie im Auftrag der Regierung sei das Renteneinstiegsalter seit dem Jahr 2002 um zwölf Monate gestiegen, berichtete die „Süddeutsche Zeitung". Inzwischen beginne der Ruhestand im Durchschnitt mit 63 Jahren. Der Anteil der Menschen, die auch nach ihrem 60. Geburtstag einer Arbeit nachgingen, sei auf 33 Prozent gestiegen.[11] Das bedeutet, dass die meisten Menschen, die sich im Ruhestand befinden, noch ein Viertel oder oft noch ein Drittel ihres Lebens vor sich haben.

Die Zeit nach dem Berufsleben gilt es also bewusst zu planen und aktiv zu gestalten. Die Menschen, die sich in der dritten bzw. vierten Lebensphase befinden, werden häufig in drei Gruppen eingeteilt: Die 55- bis 70-Jährigen gelten als die „Älteren", wenn sie unkonventionell und aktiv sind auch als „junge Alte" oder „neue Alte"; ab 70 Jahren gilt ein Mensch als „alt" bzw. „älterer Alter"; Menschen über 80 Jahre werden häufig als „alte Alte" oder „Hochbetagte" bezeichnet.

Wer die Älteren insbesondere die „jungen Alten" schon lange entdeckt hat, sind die Werbe- und die IT-Branche.

Marketingexperten von Nivea, Davidoff, Visa und Hugo Boss setzen in der Werbung auf reifen Charme mit Kennerblick und Lachfalten. Denn das Geld sitzt in den

---

11 Arbeitnehmer gehen später in Rente in: Spiegel online vom 8.9.2010 http://www.spiegel.de/wirtschaft/soziales/0,1518,716277,00.html.

Taschen der Senioren und es sitzt lockerer denn je. „Dabei hat die Generation der über 60-Jährigen nach Berechnungen des Deutschen Instituts für Wirtschaftsforschung (DIW) schon heute eine Kaufkraft von mehr als 316 Milliarden Euro. Jeder dritte Euro käme demnach zurzeit aus dem Portemonnaie eines Seniors. Und dieser Anteil werde bis zum Jahr 2050 auf über 40 Prozent ansteigen, so die Berechnungen des DIW."[12] Die Werbefachleute reißen sich geradezu um diesen Markt um die Best Agers, Golden Oldies oder Second Life People. Die Gesellschaft für Konsumforschung hat herausgefunden, dass über die Hälfte der 60-Jährigen der Aussage: „Ich mache mir lieber ein schönes Leben, statt immer nur sparen" zustimmen. Ein Drittel der Menschen, die in den nächsten beiden Jahren neues Auto kaufen, ist über 50. Immer mehr Alte erwerben Computer und DVD-Player (um 250 % ist das Interesse an PCs in den letzten 10 Jahren bei den Älteren gestiegen).

Die neuen Alten sind Hoffnungsträger für die vom demographischen Wandel getroffene Gesellschaft: Sie sind aufnahmefähig, abenteuerlustig, flexibel, neugierig und gesellig:

Die Generation 60plus stellt inzwischen fast jeden Zweiten der rund 40.000 Gasthörer an deutschen Universitäten. Nach Angaben des Statistischen Bundesamts hat sich dieser Anteil in den vergangenen zehn Jahren beinahe verdoppelt.[13]

2.6 Bezeichnung für die Zielgruppe der Älteren

Wollen Bibliothek die Älteren gezielt ansprechen, muss überlegt werden, welche kommunikative Ansprache geeignet ist. Der Begriff Senioren ist gerade auch bei den jüngeren Älteren negativ besetzt, weil er auch mit den Begriffen Seniorenteller, Seniorenheim assoziiert wird. Daher sollte eine allgemein verständliche Formulierung bzw. ein positiver Begriff verwendet werden.

Um eine griffige Formulierung zu finden, welche die positiven Aspekte dieser Personengruppe hervorhebt, bedarf es einiger Überlegungen. Sie sollte leicht verständlich und möglichst nicht aus dem angelsächsischen Sprachgebrauch sein.

Im Bereich des Marketings ist die verbreitetste Bezeichnung „Best Ager". Diese signalisiert, dass die so bezeichneten Personen noch mitten im Leben stehen. Gemeint ist meist die Altersgruppe der 50- bis 65-Jährigen, die noch im Arbeitsleben stehen und deren Einstellungen sich noch wenig von denen der Jüngeren unterscheiden. Bezeichnungen wie z. B. Wollis (well income old leisure people), Woofs (well-off oder folks) oder Woopies (well off older people) sind nur verständlich, wenn bekannt ist, wofür die Abkürzungen stehen bzw. man der englischen Sprache mächtig ist.

Das Frankfurter Institut SENIORENSEARCH[14] hat im Rahmen einer Untersuchung Ältere gefragt, welche Bezeichnungen sie für sich vorziehen. Die Senioren im Alter von 50 bis 65 Jahren finden die Begriffe „im besten Alter" und „Generation 50plus" sowie „Junggebliebene" am sympathischsten. Die über 65-Jährigen akzeptieren auch die Formulierung „Senioren", „Ruheständler" und „Pensionäre". Des Weiteren wurde festgestellt, dass die Bezeichnung „Senioren" für die über 70-Jährigen eine positive Bedeutung hat, da sie mit Erfahrung und Kompetenz gleichgesetzt wird.

Tipp:
Für die direkte Zielgruppenansprache sollte die Befindlichkeit der Zielgruppe positiv umschrieben werden.

12 Mathea, Christian: Senioren verändern unsere Gesellschaft (Seite fehlt).
13 Die Alternative zum Ruhestand in: Serviceseiten50plus.de.
14 http://www.seniorenmarkt.de/.

3 Internationales Bibliotheksstipendium der Bertelsmann Stiftung

Im Rahmen des Internationalen Bibliotheksstipendiums, das die Bertelsmann Stiftung zusammen mit BI International im Herbst 2002 ausgeschrieben hat, wurde das Thema „Nach dem Berufsleben – neue Services für eine interessante Zielgruppe" zur Bearbeitung angeboten. Durch die Zusammenarbeit mit der Vorsitzenden des Seniorenbeirates der Stadt Straubing ist die Stadtbibliothek bereits seit Herbst 2001 in verschiedene Angebote für Senioren eingebunden. Aufgrund dieser Tatsache bewarb ich mich für das Stipendium und konnte im März 2003 vier Wochen in den USA verbringen. Ich lernte drei unterschiedliche Bibliothekssysteme (Las Vegas Clark County Library, Phoenix Library und Los Angeles Library) kennen, die die Zielgruppe der Älteren bereits in ihrem Angebot verstärkt berücksichtigen.

Besonders beeindruckend für mich war das Konzept der Las Vegas Clark County Library, das ich als Grundlage für die Initiierung eines „Seniorenforums für die Stadtbibliothek Straubing" nahm.

„Der Las Vegas Clark County Library District (LVCCLD) ist sowohl in der sozialen Bibliotheksarbeit als auch in der Vermittlung von Informationskompetenz stark engagiert. In ihrem Fünf-Jahres-Plan (Five Year Plan 2001–2006) ist verankert, dass Seniorinnen und Senioren Zugang zu Informationen, Materialien und Programmen haben sollen. Sie sollen am technischen Fortschritt teilhaben und diesen bei Bedarf vermittelt bekommen und zwar so, wie es ihren Bedürfnissen entspricht.

Nach dem Motto „The library must go to the people" bietet der LVCCLD einen Bücherdienst für immobile Einzelpersonen oder Pflegeheimbewohner an. Regelmäßige Besuche in Seniorenzentren mit einer umfangreichen Medienauswahl durch einen hauptamtlichen Bibliotheksmitarbeiter ergänzen das Angebot.

Für mobile ältere Menschen werden im gesamten Bibliothekssystem Computerkurse angeboten. Die Kurse sind oft auf Wochen hin ausgebucht. Das Durchschnittsalter der Teilnehmenden liegt zwischen 60 und 65 Jahren. Die Themen der Kurse reichen von Einführungen in das Internet bis zu allgemeinen Informationen zum Computerkauf und sind kostenlos. Das mobile Computerlabor, das mit zwölf Laptops sowie einem Beamer einschließlich Laserpointer ausgestattet ist, wird von einer hauptamtlichen, speziell für diese Zielgruppe ausgebildeten EDV-Trainerin im gesamten Distrikt eingesetzt.

Wer sich für die Bibliothek engagieren will, kann Mitglied der „Friends of Southern Nevada Libraries" werden. Diese Freiwilligenorganisation, deren Anliegen es ist, das Angebot des Las Vegas Clark County Library District zu unterstützen und zu fördern, organisiert monatliche Flohmärkte oder betreut die Flohmarktmedien in den einzelnen Zweigstellen."[15]

Recherchen ergaben, dass noch immer Computerkurse für Ältere im Seniorenangebot sind bzw. der Anspruch, dass alle Menschen Zugang zu Informationen und Programmen haben sollen, weiterhin besteht.

---

15 Kulzer, Gudrun (2004): Nach dem Berufsleben in die Bibliothek?! S.20

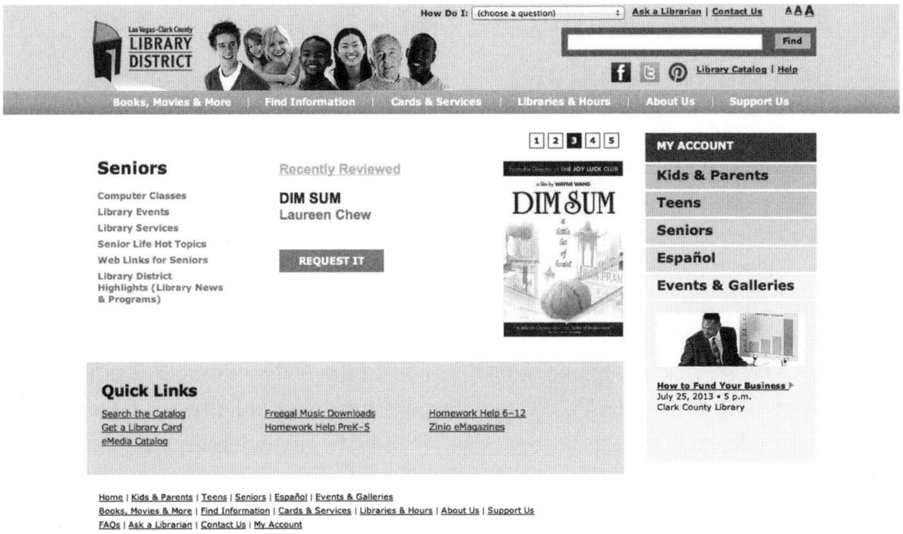

Abb. 4: Homepage der Las Vegas Clark County Libraries [16]

Nach der Rückkehr aus den USA galt es, die gemachten Erfahrungen und Eindrücke für die Straubinger Seniorinnen und Senioren umzusetzen. Bereits bestehende Angebote sollten ausgebaut bzw. durch neue ergänzt werden. Die Stadtbibliothek Straubing hat mit ihrem Projekt „Seniorenforum: Senioren für die Bibliothek – die Bibliothek für Senioren" versucht, zwei Aspekte zu berücksichtigen. Sie gibt den Seniorinnen und Senioren Hilfestellung und Unterstützung im Hinblick auf die neuen Medien, um die „digitale Spaltung" zu verhindern, will sie aber auch aktiv in die Arbeit der Bibliothek integrieren.

Seitens der Bibliothek wurden drei Ziele ins Auge gefasst, die es umzusetzen galt:

- Mehr ältere Menschen als bisher sollen die Bibliothek für sich und ihre Interessen entdecken und nutzen. 30,5 Prozent der Straubinger Bevölkerung sind 55 Jahre und älter, aber nur 2 Prozent der aktiven Bibliotheksnutzer gehörten 2002 dieser Altersgruppe an. Offensichtlich ist das Angebot nicht hinreichend bekannt oder nicht interessant genug.
- Ehrenamtliche Mitarbeiterinnen und Mitarbeiter sollen in erster Linie in der Leseförderung und in der Betreuung von Veranstaltungen eingesetzt werden. Es handelt sich hier um Aufgaben, die die Bibliothek aus personellen Gründen nicht in gewünschtem und notwendigem Umfang leisten kann, aber gern anbieten will.
- Nicht mobile Menschen in Senioreneinrichtungen sollen zumindest einen Teil der Bibliotheksangebote nutzen können.

16 Homepage: http://www.lvccld.org/seniors/computer_classes/index.cfm.

4 Bibliothekspolitische Zielsetzung und Umfeldanalyse

Wie die einzelnen Bibliotheken auf den demographischen Wandel reagieren, hängt von jeweiligen örtlichen Gegebenheiten ab. Die immer älter werdende Bevölkerung ist eine Tatsache, auf die schon jetzt immer mehr Bibliotheken reagieren. Sie haben entsprechende Angebote für die „Zielgruppe 55+“ in ihrem Programm. Dabei muss klar sein, dass es sich hier um eine heterogene Gruppe handelt, die mehrere Generationen umfasst, unterschiedliche Bildungsstandards und Interessen hat und sich in ihrem körperlichen und geistigen Zustand ebenfalls stark unterscheiden kann. Diese Faktoren haben Auswirkung auf die Entwicklung attraktiver Bibliotheksangebote für Ältere. Das Angebotsspektrum sollte auf einem Konzept beruhen und eine klare Zielsetzung haben sowie auf die Möglichkeiten der Bibliothek abgestimmt sein.

Die Zielsetzung könnte folgendermaßen aussehen:
- Medienkompetenz für Ältere → Verhinderung der digitalen Spaltung
- Lobbyarbeit → Imageverbesserung der Bibliothek
- Akzeptanz der Zielgruppe → Gezieltes Medienangebot und Veranstaltungsprogramm
- Etablierung des Ehrenamtes → Zielgerichteter Einsatz (Multiplikatoren)
- Generationenübergreifende Projekte → Vorlesen, Bilderbuchkino
- Soziale Bibliotheksarbeit → Vorlesen in Heimen, mobiler Büchertisch

Außerdem muss im Vorfeld die örtliche Situation untersucht werden, um finanzielle und personelle Ressourcen optimal auszuschöpfen.

Zunächst sollten folgende Überlegungen angestellt werden:
- Altersstruktur der Kommune untersuchen
- Bereits vorhandene Angebote anderer Einrichtungen sichten → mögliche Kooperationspartner
- Analysierung der Zielgruppe
- Eigenes Zeitpotential bzw. das der BibliotheksmitarbeiterInnen festlegen
- Festlegung der Angebote.

Um die demographische Entwicklung zu analysieren, bietet sich für Kommunen ab 5.000 Einwohner der „Wegweiser Kommune“ der Bertelsmann Stiftung an. Er stellt Daten und Prognosen, Handlungsempfehlungen und Praxisbeispiele u. a. zum Thema Demographischer Wandel zur Verfügung.[17]

17 Wegweiser Kommune: www.wegweiser-kommune.de/ (http://www.wegweiser-kommune.de/themenkonzepte/demographie/Demographie.action?redirect=false&gkz=05515000).

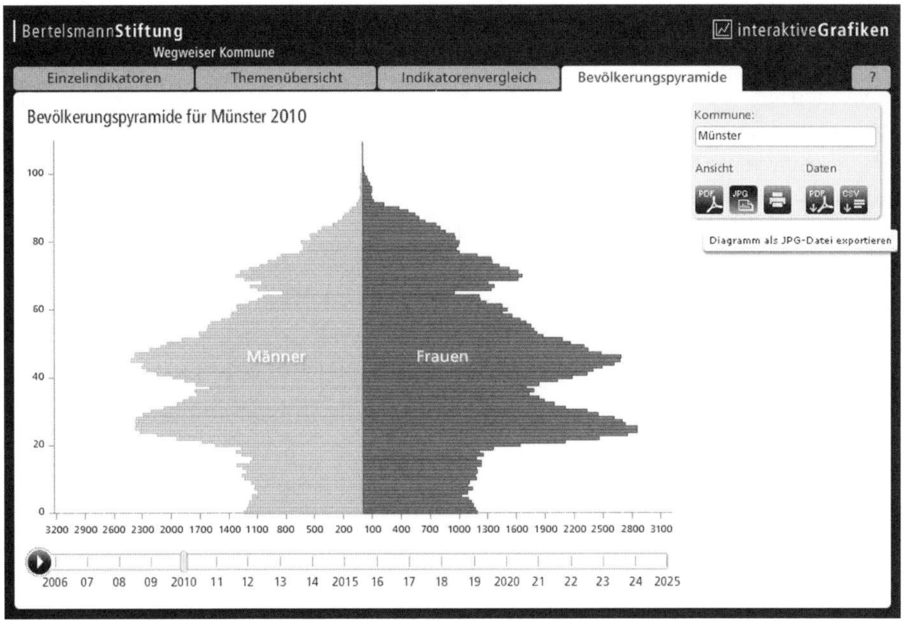

Abb. 5: Stadt Münster/Westfalen 2010

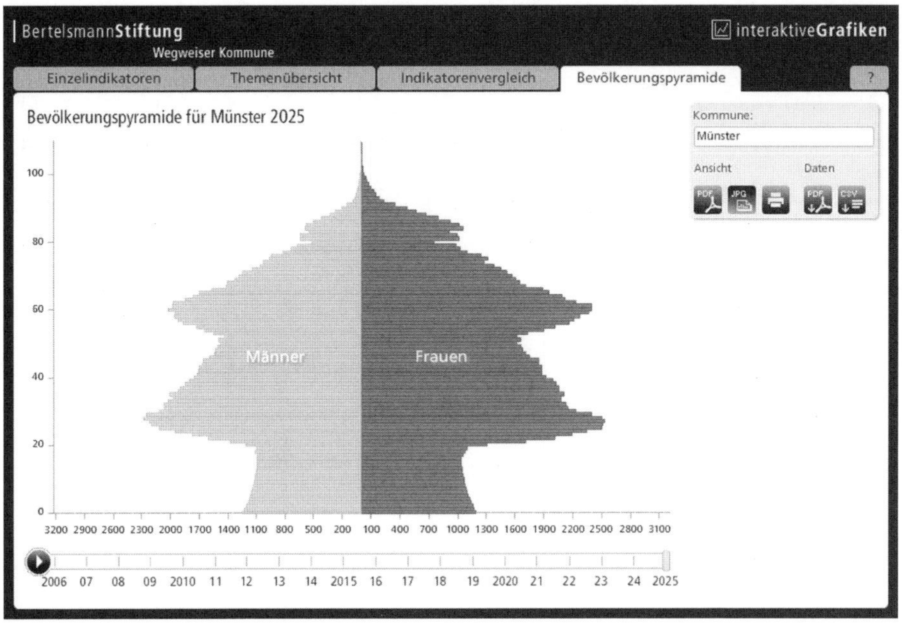

Abb. 6: Stadt Münster Westfalen 2025[18]

Auch die Einwohnermeldeämter bzw. in größeren Kommunen die Statistikämter können das Zahlenmaterial für die demographische Entwicklung liefern.

Ist das gewünschte Zahlenmaterial erhoben, bietet es sich an, dieses in eine Checkliste zu übertragen. Diese dient darüber hinaus dazu, Möglichkeiten für ein entsprechendes Bibliotheksangebot zu planen.

18 A.a.O, 10/2011.

Die von mir entwickelte Checkliste ist als Unterstützung für die Erhebung wichtiger Daten gedacht. Sie dient als Grundlage und kann ergänzt, gekürzt bzw. umgestaltet werden.

Konzept – Umfeldanalyse

Alter der Zielgruppe			
☐ ab 50	☐ ab 55		
☐	☐		
Größe der Zielgruppe	**Prozent**		
☐ Benutzer/-innen in der Bibliothek			%
☐ Besucher/-innen in der Bibliothek			%
☐ Einwohner/-innen im Stadtteil			%
☐ Einwohner/-innen in der Stadt			%
☐			%
☐			%
Ziele	**Priorität**		
☐ Mehr aktive Benutzer/-innen bei den Älteren	1 ☐	2 ☐	3 ☐
☐ Steigerung der Ausleihzahlen	1 ☐	2 ☐	3 ☐
☐ Gewinnung Ehrenamtlicher für Projekte (z. B. Lesepaten)	1 ☐	2 ☐	3 ☐
☐ Verringerung der digitalen Spaltung in der Gesellschaft	1 ☐	2 ☐	3 ☐
☐ Soziale Bibliotheksarbeit (z. B. Zusammenarbeit mit Heimen)	1 ☐	2 ☐	3 ☐
☐	1 ☐	2 ☐	3 ☐
☐	1 ☐	2 ☐	3 ☐
Kooperationspartner	**Priorität**		
☐ VHS	1 ☐	2 ☐	3 ☐
☐ Freiwilligenzentrum	1 ☐	2 ☐	3 ☐
☐ Soziale Verbände (AWO, Caritas, DRK ....)	1 ☐	2 ☐	3 ☐
☐ Essen auf Rädern	1 ☐	2 ☐	3 ☐
☐ Senioreneinrichtungen	1 ☐	2 ☐	3 ☐
☐ Seniorenbeirat	1 ☐	2 ☐	3 ☐
☐	1 ☐	2 ☐	3 ☐
☐	1 ☐	2 ☐	3 ☐
☐	1 ☐	2 ☐	3 ☐
Angebote	**Priorität**		
☐ Medienangebot	1 ☐	2 ☐	3 ☐
☐ Computerkurse	1 ☐	2 ☐	3 ☐
☐ Mobiler Bücherdienst	1 ☐	2 ☐	3 ☐
☐ Vorlesen in Senioreneinrichtungen	1 ☐	2 ☐	3 ☐
☐ Schreibwerkstatt	1 ☐	2 ☐	3 ☐

Alter der Zielgruppe		
☐		1☐ 2☐ 3☐
☐		1☐ 2☐ 3☐
Finanzierung		**Summe**
☐ Etatmittel		€
☐ Sponsoren		€
☐ Öffentliche Förderung		€
☐ Spenden		€
☐		€
☐		€
Mitarbeiter/-innen		**Anzahl**
☐ Bibliotheksmitarbeiter/-innen		
☐ Ehrenamtliche		
☐		
☐		
Öffentlichkeitsarbeit		
☐ Flyer	☐ Radiobericht	
☐ Zeitungsbericht	☐ Lokalfernsehen	
☐ Newsletter	☐ Weblog	
☐ Facebook	☐	
☐	☐	
Evaluation		
☐ Umfrage	☐ Statistische Auswertung	
☐	☐	

5 Bibliotheksangebote

5.1 Verbesserung der Medien- und Informationskompetenz

Die digitale Spaltung bzw. der digital divide kann durch Kursangebote seitens der Bibliotheken zwar nicht verhindert, aber verringert werden.

Die ARD/ZDF-Onlinestudie 2010[19] hat u. a. ergeben, dass die Internetnutzung in Deutschland weiter steigt. 49 Millionen bzw. mehr als 69 % Erwachsene sind online. Im europäischen Vergleich liegt Deutschland im oberen Mittelfeld. Spitzenreiter sind die skandinavischen Länder, allen voran Schweden. Das Durchschnittsalter der Onliner liegt bei rund 39 Jahren. Zum Vergleich: der durchschnittliche Fernsehzuschauer ist 10 Jahre älter. Neun von zehn unter 50-Jährigen sind inzwischen online. Von den über 50-Jährigen nutzt dagegen weniger als jeder zweite das Internet. Obwohl sich die Kluft zwischen der älteren und jüngeren Generation verringert hat, besteht sie weiter. Bei den älteren Mediennutzern sind die dominanten Medien für Information, Unterhaltung und Entspannung nach wie vor Fernsehen, Hörfunk und die Tageszeitung. Onlineanwendungen, die mindestens einmal wöchentlich genutzt werden, sind bei den ab 50-Jährigen mit 75 % E-Mails versenden und empfangen, mit 72 % Suchmaschinen nutzen, mit 39 % zielgerichtet bestimmte Angebote suchen und mit 30 % Homebanking nutzen. Für diese Anwendungen nutzen 78 % der Älteren einen Computer und 43 % einen Laptop. Der Internetzuwachs in Deutschland zeigt Grenzen auf, da die ältere Generation noch keinen Zusatznutzen durch das Internet sieht. Bis 2015 könnte der Grenzwert bei 75 % liegen und ist damit noch weit entfernt von der Internetdurchdringung in den skandinavischen Ländern mit z.T. 89 % (Schweden).

Bibliotheken können ihre Aufgabe darin sehen, älteren Menschen den Wert der Internetnutzung zu vermitteln. In Form von Schnupperkursen, Computerclubs oder Vorträgen kann Älteren die Scheu genommen bzw. der positive Sinn des Internets erklärt werden.

5.1.1 Computerkurse

Fazit:
Die Bibliothek ist die klassische Informationsvermittlerin.

Gründe, warum Bibliotheken Computerkurse anbieten sollten:
- Die Mediengesellschaft erwartet Zugang zum Medium Internet.
- Mittels Internet kann kostengünstig kommuniziert werden, z. B. per E-Mail, Chat, Newsletter, Weblog.
- Es können selbständig Informationen beschafft werden.
- Die Mobilität kann durch die Wohnsituation oder aufgrund körperlicher Einschränkungen bei der Informationsbeschaffung begrenzt sein.
- 55–70-Jährige haben im Berufsleben nicht zwangsläufig mit Computern gearbeitet.
- Kinder und Enkel sind selten in der Lage, Ältere zu „schulen“.
- Die Hemmschwelle ist in der Bibliothek niedriger als in anderen Erwachsenenbildungseinrichtungen.

„Das Internet wird für immer mehr Senioren zum festen Bestandteil des Lebens. 30 Prozent der Deutschen von 65 bis 74 nutzen es zumindest gelegentlich. In der Altersgruppe

19 Eimeren Birgit, Frees, Beate: Fast 50 Millionen Deutsche online – Multimedia für alle? In: Media Perspektiven 7-8/2010, S. 334 ff.

von 55 bis 64 sind bereits 60 Prozent online. Damit nutzt unter dem Strich fast jeder zweite Bundesbürger im Alter von 55 bis 74 Jahren das Internet (45 Prozent)." Das teilte der Hightech-Verband BITKOM zum „Internationalen Tag der älteren Menschen" mit, der auf Beschluss der Vereinten Nationen jährlich am 1. Oktober begangen wird. Basis der Angaben sind Daten der europäischen Statistikbehörde Eurostat. „Leider haben immer noch zu viele ältere Menschen Berührungsängste mit neuen Technologien." sagt BITKOM-Präsident Prof. Dr. August-Wilhelm Scheer. „Gerade Senioren kann das Internet viel bieten." Online-Shopping sowie Web-Services von Ämtern, Banken und Krankenkassen helfen bei alltäglichen Aufgaben. Zudem sind E-Mails oder Video-Telefonie eine gute Möglichkeit, um mit Angehörigen und Freunden in Kontakt zu bleiben. Scheer: „Spezielle Internetdienste für ältere Menschen werden an Bedeutung gewinnen."[20]

5.1.1.1 Computerkurse – Schulungspersonal

Die Kurse sollten von Personen (unabhängig vom Alter und Geschlecht) gehalten werden, die die Sachverhalte ruhig, geduldig und gut erklären können, auch mehrmals. Außerdem sollten die Kursleitungen Kompetenz in den Bereichen haben, die sie vermitteln. Sie sollten darüber hinaus vorurteilsfrei und mit Freude auf ältere Menschen zugehen können, damit die Kurse entsprechende Ergebnisse erzielen, aber auch um Akzeptanz bei den Älteren zu finden.

5.1.1.2 Computerkurse – Unterrichtsformen

Um Kenntnisse zu vermitteln, kommen zwei Unterrichtsformen wie Vortrag oder Kurs in Frage. Der Vortrag kann ergänzend oder zum Thema hinführen (z. B. Vortrag zu Ebay-Auktionen, zu Facebook oder zum Computerkauf). Neben einem geeigneten Raum ist ein Beamer, Laptop und ein Internetzugang erforderlich.

Kurse sollen bezüglich der Teilnehmenden überschaubar sein. Die Größe des Kurses richtet sich in der Regel nach der Anzahl der vorhandenen Rechner. Es besteht ein fester Unterrichtsplan und die Teilnehmenden arbeiten selbständig. Der Kursleiter unterstützt sie bei Problemen und gibt Antwort auf Fragen. Antworten, die aufgrund von fehlender Sachkenntnis nicht gegeben werden können, werden per E-Mail nachgereicht.

5.1.1.3 Computerkurse – Werbung

Gerade zu Beginn muss für die Kurse geworben werden. Dies kann in der Tagespresse mit einem kurzen Artikel, beim erstmaligen Angebot auch mit einem ausführlichen Bericht erfolgen. Ergänzend dazu können Flyer, die das Kursprogramm beinhalten, erstellt und an entsprechenden Stellen (z. B. Senioreneinrichtungen, Bürgeramt, Banken, Seniorenkreisen) ausgelegt werden.

Bei der Erstellung eines Flyers ist nicht nur die Schriftgröße, sondern auch der Zeilenabstand wichtig.[21]

Tipp:
Wünschenswert für Fließtext: Großbuchstabe H in Arial 12 Punkt ≥ 3 mm bei einem Zeilenabstand von 1,2/17 Pica-Punkt.

5.1.1.4 Computerkurse – Konzeption

Ein erfahrener externer Trainer entwickelte für die Stadtbibliothek ein didaktisches und inhaltliches Schulungsprogramm und hielt im Frühjahr 2002 die ersten Einfüh-

20 Immer mehr Senioren online in: http://www.blogspan.net/5326-immer-mehr-senioren-online.html.
21 http://www.bagso.de/fileadmin/Aktuell/Verbraucherempfehlung/checkliste_print_11_2010.pdf.

rungen in das Internet. Gleichzeitig wurde eine Bibliotheksmitarbeiterin weitergebildet, sodass die Grundkurse seit Herbst 2002 in Eigenregie durchgeführt werden. (Ein ausführlicher Bericht hierzu ist in ÖBiB 1/2003, S. 31/32 erschienen.)

Zweimal im Jahr wird ein Kursprogramm mit verschiedenen Angeboten zusammengestellt. Diese berücksichtigen die Wünsche der Seniorinnen und Senioren.

Unter dem Motto „Niemand ist zu alt für Internet und PC! Computerkurse für Ältere“ offeriert die Bibliothek ihr Kursangebot.

Für den Anfängerkurs „Grundkenntnisse Windows“ sind keinerlei Vorkenntnisse nötig. Der Umgang mit Maus und Tastatur sowie die Durchführung einfacher Textverarbeitung sind Bestandteile des Kurses. Im Gegensatz dazu wird beim „Einführungskurs in das Internet ohne Vorkenntnisse“ der Umgang mit Tastatur und Maus vorausgesetzt. Für Fortgeschrittene und diejenigen, die sich im Internet schon etwas auskennen, gibt es den Aufbaukurs „Suchmaschinen im Internet.“

Die Kurse dauern in der Regel 120 Minuten und finden vormittags in der Zeit von 9.00 bis 11.00 Uhr an der Internetsurfstation im 2.OG der Stadtbibliothek statt. Es ist eine persönliche Anmeldung in der Bibliothek erforderlich. Diese wurde notwendig, da in den ersten Jahren unentschuldigt häufig Plätze leer blieben und Personen von der Warteliste nicht nachrücken konnten. Die Kursgebühren, die 14 € pro Kurs betragen, werden direkt bei der Anmeldung fällig. Das Nichterscheinen am Kurstag ohne vorherige Abmeldung führt zum Einbehalt der vollen Kursgebühr.

Die Kurse finden in Kleingruppen statt. Die Internetsurfstation umfasst vier Rechner. Je zwei Personen teilen sich einen Rechner. Auf ausdrücklichen Wunsch erhält auch eine Person einen Rechner für sich, muss dann allerdings einen Aufpreis zur Kursgebühr bezahlen. Pro Kurs gibt es maximal 8 Teilnehmende. Jeder Kursteilnehmender füllt eine Anmeldekarte aus und erhält eine Anmeldebestätigung. Die Inhaltsübersicht und eine Kursbeurteilung vervollständigen das Angebot.

Stadtbibliothek im Salzstadel
94315 Straubing Rentamtsberg 1
Tel 09421/9919-19
Fax 09421/9919-11
Mail: stadtbibliothek@straubing.de
http://www.stadtbibliothek-straubing.de

Öffnungszeiten:
Di, Mi, Fr 10-18;
Do 9-18; Sa 10-13 Uhr

Computerkurse (nicht nur) für Seniorinnen und Senioren
Anmeldebestätigung Januar – März 2012

Name, Vorname

Die Kursgebühr von ______€ wurde bezahlt am ____________(Datum/Mitarb.)

Grundkenntnisse Windows
Gebühr: 14,00 € (erm. 12,00 €)
□ Do 22.01.12 09:00-11:00 Uhr
□ Do 02.02.12 09:00-11:00 Uhr

Einführung in das Internet ohne Vorkenntnisse
Gebühr: 14,00 € (erm. 12,00 €)
□ Do 16.02.12 09:00-11:00 Uhr
□ Do 01.03.12 09:00-11:00 Uhr

Suchmaschinen
Gebühr: 14,00 € (erm. 12,00 €)
□ Do 15.03.12 9:00-11:00 Uhr
□ Do 22.03.12 9:00-11:00 Uhr

Anmeldekarte am Kurstag bitte mitbringen. TeilnehmerInnen können sich bis Dienstag der Kurswoche abmelden. Spätere Abmeldungen oder Nichtteilnahme führen zum Einbehalt der vollen Kursgebühr.

Abb. 7: Beispiel: Anmeldebestätigung

Computerkurse für Ältere

Grundkenntnisse Windows

Donnerstag, 17.01.2013 9-11 Uhr
Donnerstag, 24.01.2013 9-11 Uhr

Lernziele: Umgang mit Maus und Tastatur, einfache Textverarbeitung

Kursgebühr: 14 €, 12 € erm.

Einführung in das Internet

Donnerstag, 31.01.2013 9-11 Uhr
Donnerstag, 07.02.2013 9-11 Uhr
Kursgebühr: 14 €, 12 € erm.

Suchmaschinen

Donnerstag, 21.02.2013 9-11 Uhr
Kursgebühr: 14 €, 12 € erm.

Vortrag Facebook

Mittwoch, 27.02.2013, 16-17 Uhr

Inhalte:
Einführung in Facebook, Anmeldung, wichtigste Funktionen

Kosten: 3,00 €

Nähere Informationen zu den Veranstaltungen finden Sie unter www.stadtbibliothek-straubing.de
Alle Veranstaltungen erfordern eine persönliche Anmeldung in der Stadtbibliothek. Einzelplätze gegen Aufpreis.
Veranstaltungsort: Stadtbibliothek im Salzstadel, Straubing, Internet-Surfstation 2.OG

Stadtbibliothek im Salzstadel
Rentamtsberg 1
94315 Straubing

Öffnungszeiten:

Montag geschlossen	
Dienstag, Mittwoch, Freitag	10.00 – 18.00 Uhr
Donnerstag	09.00 – 18.00 Uhr
Samstag	10.00 – 13.00 Uhr

Homepage: www.stadtbibliothek-straubing.de
E-Mail: stadtbibliothek@straubing.de
Facebook: www.facebook.com/stadtbibliothekstraubing

Auskunft und Verlängerungen:	09421/9919-30
Verwaltung:	09421/9919-19
Fax:	09421/9919-11

Computerclub

Zur Vertiefung Ihrer PC-Kenntnisse können Sie den Computerclub besuchen.
Gebühr pro Termin: 2,00 EUR
Anmeldung unter Tel. 09421-991930

25.01.2013	Start mit Windows 7
08.02.2013	Textverarbeitung mit OpenOffice
22.02.2013	Suchmaschine
08.03.2013	E-Mail
22.03.2013	Speichern von Dateien
05.04.2013	Bilder/Texte in eigenen Dokumenten verwenden
19.04.2013	Fotos ordnen Bildbearbeitungsprogramm IrfanView

Abb. 8: Beispiel: Kursflyer

Jeder Kursteilnehmende erhält eine Codekarte mit einem Guthaben von zwei Stunden für den Internetzugang und kann damit 120 Minuten im Internet surfen. Da die Teilnehmer nach einer Stunde wechseln, bleibt ein Restguthaben von einer Stunde, das den Teilnehmern nach dem Kurs zum Absurfen zur Verfügung steht.

Viele Seniorinnen und Senioren kommen wieder, um das Gelernte allein umzusetzen; sie können jedoch die bibliothekarische Fachkraft an der Infotheke jederzeit um Hilfe bitten.

Abb. 9: Computerkurs 2012, Foto StB Straubing

Die Computerkurse, die in den Stadtbibliotheken Straubing und Villingen-Schwenningen durchgeführt werden, sind nachahmenswerte Beispiele für Schnupperkurse.

Beschreibung der Kursinhalte der **Stadtbibliothek Straubing**:[22]

„Grundkenntnisse Windows“
Der EDV-Kurs „Grundkenntnisse Windows“ ist ein Schnupperkurs für Anfänger am PC und soll älteren Menschen einen ersten Einblick im Umgang mit dem Computer geben. Die Kursteilnehmer sitzen zu zweit an einem PC. Die Stadtbibliothek Straubing hat mit der Partnerarbeit in den letzten Jahren sehr gute Erfahrungen gemacht. Die Kursteilnehmer können sich so gegenseitig unterstützen und die Hemmschwelle im Umgang mit dem Computer wird verringert. Pro Kurs arbeiten maximal acht Personen an vier PCs. Einzelplätze sind gegen Aufpreis möglich. Die Arbeit in Kleingruppen ermöglicht es der Kursleiterin, Fragen der Kursteilnehmer zu beantworten und individuelle Hilfe und Unterstützung zu geben (Kurslänge: 120 Min.).

Nach der Begrüßung werden der Ablauf des Kurses und die Lernziele besprochen:
- Klärung wichtiger Grundbegriffe rund um den Computer
- Erläuterung der Funktionsweise der Maus
- Vorstellung der Tastatur
- Praktische Arbeit im Textverarbeitungsprogramm WordPad
- Grundbegriffe (ca. 10 Minuten)

Unterschied zwischen Hardware & Software:
Hardware
Die wichtigsten Komponenten eines Computers sind die Zentralstation (Rechner), der Bildschirm, die Tastatur und die Maus. All diese Komponenten umfassen die Hardware eines Computers. Zur Hardware eines Computers gehören z. B. auch der Drucker, Scanner und Speichermedien wie CD-ROM und USB-Stick. (Knöpfe zum An- und Ausschalten des Rechners und Monitors, das CD-ROM-Laufwerk und die USB-Schnittstellen werden gezeigt sowie die unterschiedlichen Speicherkapazitäten von Speichermedien erläutert.) Der Laptop wird als Alternative zum PC vorgestellt.

Software
Software ist ein Sammelbegriff für unterschiedliche Programme. Erst durch Programme erhält ein PC die Funktion zum Schreiben von Briefen, zum Anzeigen von Bildern, zum Ansehen von Videos. Es gibt sehr viele Programme, für den Einstieg braucht man nur bestimmte:

Betriebssystem
Der Computer braucht ein Betriebsprogramm oder auch Betriebssystem. Es startet sich automatisch, wenn man den Rechner einschaltet. Man braucht es, damit die Verbindung zwischen Monitor, Tastatur und Rechner funktioniert. Am weitesten verbreitet ist Windows (aktuellste Version ist Windows 7). Windows ist beim Kauf eines PCs automatisch installiert. An den Rechnern der Stadtbibliothek ist Windows 7 installiert. (Hinweis auf ältere Betriebssysteme wird gegeben.)

22 Bayer, Carolin – StB Straubing per E-Mail.

Anwendungsprogramme
Zusätzlich zum Betriebssystem braucht der Computer Anwendungsprogramme, z.B. das Textverarbeitungsprogramm Word (zum Schreiben eines Briefes) oder Excel (zum Erstellen von Tabellen) oder Photoshop (zum Bearbeiten von Fotos).

Die Computer sind bereits alle eingeschaltet, sodass die Kursteilnehmer den Desktop sehen. Der Desktop (dt.: Schreibtisch) ist die Bedienoberfläche und enthält verschiedene kleine Bildchen, sog. Icons. Icons sind Symbole für verschiedene Programme (es sind Verknüpfungen, die das Öffnen von unterschiedlichen Programmen ermöglichen). Erläuterung der Taskleiste.

Umgang mit der Maus (ca. 20 Minuten)
Den Kursteilnehmern wird gezeigt, wie man die Maus hält und auf dem Mousepad bewegt und wie durch die Mausbewegung der weiße Pfeil (Mauszeiger) auf dem Desktop bewegt wird. Linke und rechte Maustaste sowie das Scrollrad werden erläutert. Gemeinsam wird ein Programm mit einem Doppelklick mit der linken Maustaste geöffnet. Hier werden die drei Schaltflächen „Maximieren", „Minimieren" und „Schließen" erläutert und, um ein Gespür im Umgang mit der Maus zu bekommen, wird das Fenster am Rand vergrößert bzw. verkleinert (auf den rechten oder linken Rand mit der Maus fahren, bis ein Doppelpfeil (⟷) erscheint).

Tastatur und praktische Arbeit mit dem Textverarbeitungsprogramm WordPad (ca. 90 Minuten)
Die Kursteilnehmer öffnen das Textverarbeitungsprogramm WordPad (Start → Alle Programme → Zubehör → WordPad). Der Seitenaufbau wird erläutert (Hinweis auf die drei Schaltflächen Maximieren, Minimieren, Schließen; weißer Textbereich mit blinkendem schwarzen Strich, dem Cursor; Menüleiste; Symbolleiste).

Schritt für Schritt werden die einzelnen Tasten der Tastatur vorgestellt: Buchstabenfeld, Leertaste, Shift-Taste (Großbuchstaben), Backspace-Taste (Löschtaste), Return-Taste (neue Zeile), Zahlenreihe (mit Zweifachbelegung → Shift-Taste), Alt Gr (Tasten mit Dreifachbelegung z.B. @, €), Feststelltaste, Pfeilblock (Cursortasten), Pos1/Ende, Entf., Bild auf/Bild ab, Numerischer Eingabeblock. Die Kursteilnehmer werden gebeten, Wörter und Sätze zu schreiben. Anhand dessen werden die Tasten besprochen und auf individuelle Probleme eingegangen.

Die Schaltflächen (F, K, U) werden vorgestellt: Textstellen können fett (F), kursiv (K) oder unterstrichen (U) hervorgehoben werden. Erläuterung der Änderung der Schriftart, Schriftgröße und Schriftfarbe.

Am Ende des Kurses wird das Textverarbeitungsprogramm geschlossen. Zum Herunterfahren des PCs auf Start → Beenden → Herunterfahren klicken.

Die Kursteilnehmer werden auf die Computerbücher in der Infobörse+ hingewiesen, die mit einem gültigen Bibliotheksausweis ausgeliehen werden können.

Seit Beginn der Kurse im Jahr 2002 wurden ca. 120 Veranstaltungen durchgeführt und ca. 800 Personen, Durchschnittsalter 63 Jahre, rund um Computer und Internet geschult.

Kurse können auch in Zusammenarbeit mit anderen Bildungseinrichtungen durchgeführt werden, z. B. bietet die StB Villingen-Schwenningen verschiedene Computerkurse in Kooperation mit der Senioren-vhs an.

Beschreibung der Kurse in der **Stadtbibliothek Villingen-Schwenningen:**
Die Stadtbibliothek Villingen-Schwenningen bietet in Kooperation mit der Senioren-vhs einmal pro Semester zwei Kurse an, die sich mit dem Thema Internet befassen. Die Veranstaltungen können auch als Vorträge bezeichnet werden, eventuell auch als „Schnupperkurse", da es sich dabei nicht – wie sonst bei vhs-Kursen üblich – um

aufbauende Kurstermine handelt. Die Organisation der Vorträge obliegt einem „Seniorenteam", das aus vier Bibliotheksmitarbeitern besteht. Je zwei dieser Mitarbeiter sind pro Haus für die Durchführung zuständig.

Die Vorträge werden via Laptop und Leinwand abgehalten. Dabei sitzen die Teilnehmer als Zuschauer bzw. Zuhörer ohne eigene Rechner in Stuhlreihen. Während der Grundlagen-Vortrag „WWWegweisend" als vom Seniorenteam bereits ausgearbeitetes Informationspapier von Termin zu Termin wieder verwendet werden kann, tagt das Seniorenteam pro Halbjahr, um neue Internetseiten für den Vortrag „Wege durch den Website-Dschungel" vorzustellen.

Der Kurs WWWegweisend richtet sich gezielt an absolute Internet-Einsteiger oder Neulinge mit sehr geringen Vorkenntnissen. In einem ca. einstündigen Vortrag wird zunächst erklärt, wie das Internet funktioniert und den Teilnehmern vermittelt, was Internetdienste wie E-Mail oder Suchmaschinen zu bieten haben, wie Online-Banking funktioniert und wie man sich vor Risiken bei der Internetnutzung schützen kann. Im Anschluss an die Veranstaltung besteht die Möglichkeit, das Vorgetragene an den Internet-PCs der Stadtbibliothek auszuprobieren. Das zu Beginn des Vortrags ausgehändigte Informationspapier dient als Leitfaden während des Vortrags und soll zur Erkundung am heimischen Rechner einladen.

Wege durch den Website-Dschungel sollen helfen, das Dickicht der Informationsvielfalt im Internet zu lichten. Dabei werden stets vier neue Internetseiten näher beleuchtet, deren Inhalte auch oder speziell für Senioren von Interesse sind. Jeder der vier Bibliotheksmitarbeiter des Seniorenteams nimmt sich eine im Team ausgewählte Internetseite vor, prüft, was besonders gelungen oder was weniger gelungen ist. Festgehalten wird das Ganze in einer Vorlage, in der anhand der Überschriften „Worum geht es?" „Wer verbirgt sich dahinter?" „Aufbau und Navigation der Seite" und mit einem „Fazit" die Seite vorgestellt wird. Die Koordinatorin ist für die redaktionelle Überarbeitung und den Druck zuständig.

Zu Beginn des Vortrags erhalten auch die Teilnehmer dieses Informationspapier.

Bei beiden Kursen laden eine Internet-Literaturliste sowie eine Medienpräsentation mit sofort ausleihbaren Titeln dazu ein, sich per Buch weiter zu informieren. Dieses zusätzliche Medienangebot findet allerdings meist wenig Beachtung. Die Teilnehmer sind eher an einem Informationsaustausch interessiert und stellen gezielt Fragen, oftmals zu selbst erlebten Internet-Problemen.

Besuch der Kurse/Resonanz:
Interessierte Senioren haben die Gelegenheit, zwischen vier Terminen und zwei verschiedenen Vormittagsveranstaltungen zu wählen. Es besteht eine Mindestteilnehmerzahl von drei und eine maximale Teilnehmerzahl von 15 Personen. Die Kooperation mit der vhs besteht hauptsächlich darin, dass die Termine über das (Senioren-) vhs-Programm der Zielgruppe bekannt gegeben werden. Tatsächlich erfolgen die meisten Anmeldungen jedoch nach der Berichterstattung in der lokalen Tagespresse per Anruf in der Stadtbibliothek. Daher ist es für die Koordinatorin des „Seniorenteams" unerlässlich, einige Wochen vor den jeweiligen Terminen per Pressemitteilung auf die Veranstaltungen hinzuweisen.

Gab es bei Einführung des Angebots im Jahr 2005 einen regelrechten Ansturm auf die Vorträge, hat sich das Interesse inzwischen etwas gelegt. Die Zahlen schwanken zwischen 105 Teilnehmenden 2009 und 68 Senioren 2011. Interessant ist, dass besonders „Wege durch den Website-Dschungel" ein Stammpublikum gewinnen konnte, das die Termine regelmäßig wahrnimmt.[23]

23 Lang, Tina (StB Villingen-Schwenningen, Koordinatorin des Seniorenteams).

5.1.2 Computerclub

Eine weitere Möglichkeit sind Computerclubs, die in regelmäßigen Abständen stattfinden. Es handelt sich hier um einen offenen Treff zum Erfahrungsaustausch. Diese Treffen können ehrenamtlich geleitet werden. In der Stadtbibliothek Straubing hatte sich zunächst ein Senior bereiterklärt, die Treffs im 14-tägigen Rhythmus zu moderieren. Die Teilnehmenden melden sich an und zahlen eine geringe Gebühr für die Internetnutzung. Die Themen wurden in Zusammenarbeit mit der Bibliothek im Vorfeld abgeklärt. Die Werbung erfolgte über die Zeitung und die Kursflyer.

Die Stadtbibliothek Erkrath bietet jeden 2. Freitag und jeden 4. Samstag im Monat einen Austausch, der sich „Computer für Alt & Jung“ nennt, an. Hier treffen sich Computerfans und solche, die es werden wollen, zum PC-Nachmittag.

Fortgeschrittene PC-ler helfen Anfängern und weniger Fortgeschrittenen bei der praktischen Umsetzung vorher bekannt gegebener und gewünschter Themen, angefangen von den ersten Schritten bis zu komplexeren Bearbeitungen. Es stehen entsprechend viele Computer zur Verfügung, an denen gemeinsam „gelehrt“ und „gelernt“ werden kann.[24]

5.1.3 Schulungen mit E-Readern bzw. Tablets

Zahlreiche Bibliotheken haben inzwischen die Onleihe eingeführt. Ebenso verkauft der Buchhandel E-Books. Allerdings ist die Nutzung in Deutschland noch nicht so umfassend wie in den USA. Im vergangenen Jahr 2012 hatten E-Books einen Anteil von 23 Prozent an den Geschäften der Verlage. In Deutschland machten elektronische Bücher 1,2 Prozent der Einnahmen aus. Um elektronische Medien zu nutzen, wird ein PC, Tablet, E-Reader oder MP3-Player benötigt.

Wie eine gemeinsame Studie der Universitäten Mainz, Göttingen und Marburg ergeben hat, ist das Lesen von E-Books für Ältere weniger anstrengend als Lesen gedruckter Bücher. Die Forscher hatten Menschen im Alter zwischen 21 und 77 Jahren Texte auf verschiedenen Medien lesen lassen und dabei Augenbewegung und Gehirnaktivität aufgezeichnet. Die Wissenschaftler um den Linguistik-Professor Matthias Schlesewsky von der Mainzer Johannes Gutenberg-Universität vermuten, dass dies an den beleuchteten und kontrastreicheren Buchstaben liegt.[25]

Der Blog der Seniorenblogger meldete am 18.4.2013 die Nachricht, dass E-Reader unbeschwertes Lesevergnügen bieten. Für viele Ältere gehört das Lesen von Büchern zum Lebensalltag und ist ein tägliches Bedürfnis. Doch was tun, wenn man im Alter nicht mehr so fit ist, um schwere Bücher nach Hause zu tragen? Zum Glück gibt es den technischen Fortschritt und der gewährleistet mit den innovativen E-Readern, dass auch Senioren Spaß am Lesen haben und nicht auf die neuesten Krimis oder interessante Sachbücher verzichten müssen.

Tipp:
E-Reader bieten unbeschwertes Lesevergnügen. Bibliotheken bieten Kurse an.

Es gibt unterschiedliche Modelle der praktischen Lesegeräte, die vom Prinzip alle gleich funktionieren. Auf dem Datenträger lassen sich unzählige Bücher, Zeitungen oder Zeitschriften in elektronischer Form speichern und stehen damit jederzeit zum Lesevergnügen bereit. Diverse Einstellmöglichkeiten gewährleisten, dass

24 https://www.erkrath.de/index.phtml?La=1&sNavID=1630.83&mNavID=1.100&object=tx|1630.1019.1&sub=0.

25 Heise Online: Lesen von E-Books für Ältere weniger anstrengend. http://www.heise.de/newsticker/meldung/Studie-Lesen-von-E-Books-fuer-Aeltere-weniger-anstrengend-1799421.html 7.2.2013.

die Schrift so groß und klar dargestellt wird, dass auch eine Sehschwäche keinen Hinderungsgrund für ein Leseabenteuer mehr darstellt. Damit bietet sich den Senioren ein breites Spektrum an Lesestoff, wobei man keine schweren Bücher mehr schleppen muss.

Weitere Vorteile sind das Einstellen der Schrift und auch das leichte Gewicht. Die E-Reader sind von den Anbietern durchweg so gestaltet, dass sie leichter sind als ein Taschenbuch und dabei bequem in einer Hand gehalten werden können. Dank des kontrastreichen Displays kann man auch auf der Terrasse im hellen Sonnenlicht gestochen scharf lesen. Die Bedienknöpfe sind zwar klein, lassen sich aber auch von etwas ungeschickten Fingern gut drücken. Die Menüs und Bedienhinweise sind natürlich in Deutsch. Für alle die es gern haben, wenn etwas vorgelesen wird, gibt es E-Reader mit einer sogenannten Vorlesefunktion und zusätzlichen Extras.

Die Bücher erhält man per Mausklick. Das Herunterladen neuer Bücher lässt sich in wenigen Schritten im Internet, in Bibliotheken oder in öffentlichen Einrichtungen erledigen. Die Verbindung zum elektronischen Buchladen ist technisch einfach realisierbar und die meisten Akkus tragen zu einer langlebigen Stromversorgung bei. Auch wenn viele ältere Menschen im ersten Moment etwas Scheu vor der Technik haben, ist die spätere Freude über den unkomplizierten und preisgünstigen Lesegenuss riesengroß.

Für Bibliotheken bietet es sich an, E-Reader zum Verleihen anzuschaffen und entsprechende Kurse für Ältere anzubieten. Neben einer Einführung über die E-Reader und die Möglichkeiten, E-Books herunterzuladen, sollte viel praktisches Üben im Vordergrund stehen.

Beispiel:
Ein Mitarbeiter der Hessischen Fachstelle für Öffentliche Bibliotheken, hat zusammen mit der Stadtbibliothek Wiesbaden und der Buchhandlung Hugendubel, Filiale Wiesbaden ein Konzept für eine E-Reader-Schulung entwickelt. Als Intention für die Schulung dienen u. a. folgende Gründe:

Den Bibliotheksmitarbeitern und -mitarbeiterinnen fehlen die Kenntnisse über aktuelle E-Reader, die zurzeit am Markt erhältlich sind. Daher fällt es ihnen schwer, bei Anfragen zu Nutzungsproblemen befriedigende Auskünfte zu erteilen.

Für den Buchhandel ist das Angebot der Onleihe für den Absatz von E-Readern ein Verkaufsargument. Allerdings sind die Kenntnisse über die Onleihe in der Buchhandlung nur rudimentär vorhanden. Außerdem wurde in der Buchhandlung festgestellt, dass insbesondere Ältere Probleme beim E-Book-Kauf haben.

Bibliothek und Buchhandlung bieten im Wechsel wöchentlich eine E-Reader-Sprechstunde an. In der Bibliothek wird der Schwerpunkt auf die Unterweisung zur Onleihe liegen. Die Buchhandlung wird ihren Focus auf den Einsatz der E-Reader legen.

Die E-Reader-Sprechstunde wurde in der Stadtbibliothek für zwei Stunden ab 16.00 Uhr angesetzt und es standen seitens der Bibliothek drei Fachkräfte zur Verfügung. Wenn sich das Angebot eingespielt hat, ist geplant, mit einer Fachkraft auszukommen.

Zur ersten E-Reader-Sprechstunde, die in der Stadtbibliothek stattfand, kamen sieben Personen im Alter von 50 bis 70 Jahre. Die Hälfte von ihnen hatte bereits einen Reader gekauft und schon Erfahrungen gesammelt. Sie wollten wissen, wie sie E-Books aus der Onleihe auf ihren E-Reader laden können. Die andere Hälfte beabsichtigte einen E-Reader zu kaufen und hat sich bereits mehrere Modelle im Handel angesehen. Ihr Wunsch war es, zu erfahren, wie die einzelnen Reader (Tolino, Sony) funktionieren, auf welche Besonderheiten sie achten sollten (z. B. WLAN fähig, beleuchteter Bildschirm) und ob der Reader mit der Onleihe kompatibel ist. Alle Besucherinnen und Besucher der Sprechstunde lobten dieses Angebot und waren begeistert, dass die Bibliothek wertneutral Auskunft erteilt.

Abb. 10: E-Reader-Sprechstunde im Juli 2013 in der Stadtbibliothek Wiesbaden

Abb. 11: E-Reader-Sprechstunde im Juli 2013 in der Stadtbibliothek Wiesbaden[26]

Damit eine E-Reader-Sprechstunde gelingt, sollte im Vorfeld ein Konzept erstellt werden. Eine kurze Einführung zur Beginn der Sprechstunde mit Hintergrundinformationen zur Onleihe und zu den verschiedenen E-Readern wäre hilfreich. Darüber hinaus können Anleitungen („Wie funktioniert die Onleihe?“ bzw. „Welche Vorarbeiten müssen geleistet werden, damit ein E-Book heruntergeladen werden kann?“) oder Testberichte zu E-Readern zur Verfügung gestellt werden.

Tipp:
E-Book-Reader: Die besten Lesegeräte in: Test 6/2013

26 Foto Gudrun Kulzer Juli 2013.

Übersicht:

Information, wie die Onleihe funktioniert: Anmeldung bzw. Login

Mediensuche

Download bzw. Ausleihe

Leihfristen bzw. Rückgabe

Geräte

Die erste E-Reader-Sprechstunde ist erfolgreich abgelaufen. Es ist aufgefallen, dass die älteren Teilnehmer ungern ohne Anleitung etwas ausprobieren, da sie Sorge haben, etwas kaputt zu machen bzw. die Anleitungen oft zu kompliziert sind. Der Spieltrieb im Alter ist weniger ausgeprägt und man wünscht sich einfache, bebilderte Anleitungen. Daher wäre zu überlegen, Flyer mit entsprechenden Screenshots zu ergänzen.

5.2 Zielgruppenspezifische Informationen

Für die Zielgruppe der Älteren gibt es zahlreiche Informationen zu den unterschiedlichsten Themen. Diese Informationen können Bibliotheken mit einem geringen Arbeitsaufwand unter bestimmten Voraussetzungen präsentieren.

5.2.1 Homepage und Linksammlung

Um auf das Angebot für die Älteren aufmerksam zu machen, sollte es komprimiert an einer Stelle stehen. Daher bietet sich eine eigene Seite auf der Homepage an.

Hier können sich Interessierte z.B. unter der Seite „Generation plus“, „Senioren und Bibliothek“, „Aktiv älter werden“ bzw. „Senioren – Alles beim Alten, Senioren im Trend?“ informieren.

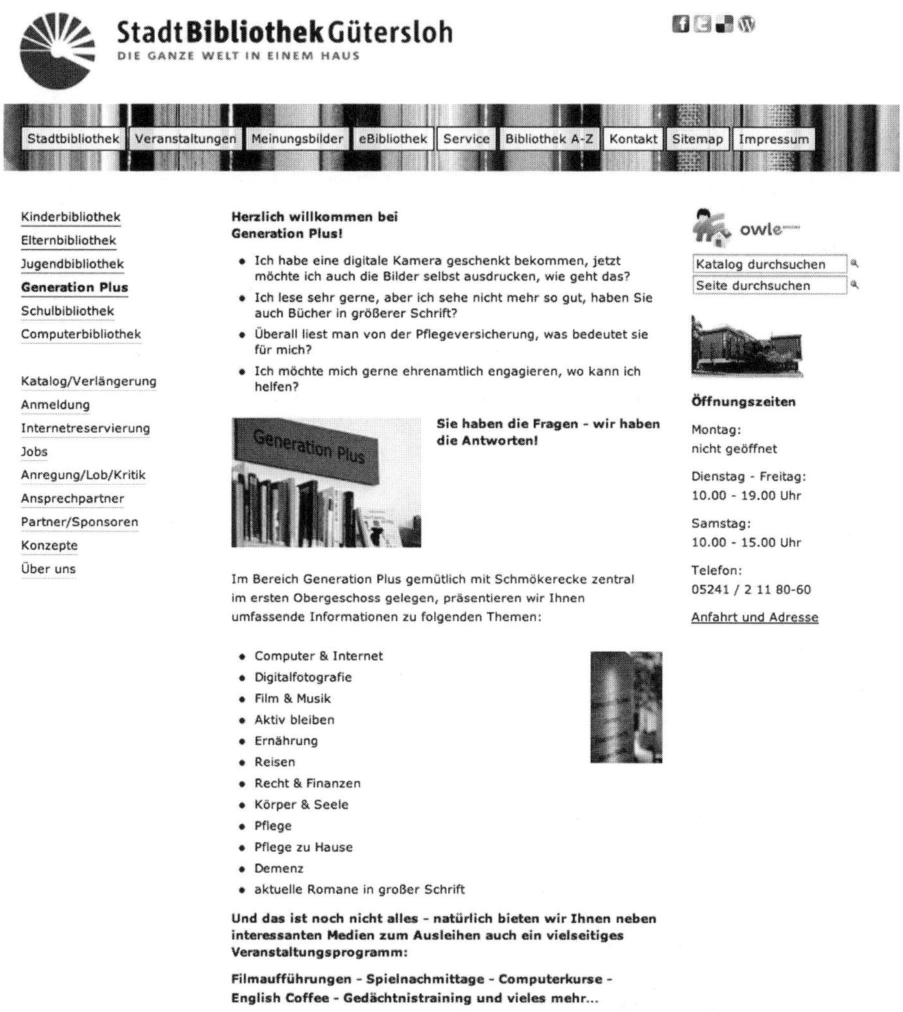

Abb. 12: Homepage der Stadtbibliothek Gütersloh – Generation plus[27]

27 http://www.stadtbibliothek-guetersloh.de/Seite/GenerationPlus_Node_9160.htm.

Abb. 13: Homepage der Stadtbibliothek Villingen-Schwenningen – SeniorenLinks

Die Stadtbibliotheken Gütersloh und Villingen-Schwenningen[28] zeigen beispielhaft wie das Angebot für Ältere präsentiert und sichtbar wird

Ergänzen lässt sich das Angebot durch eine Linksammlung, die sich mittels relevanter Links inhaltlich mit den Interessen älterer Menschen beschäftigen.

28 http://www.villingen-schwenningen.de/bildung/stadtbibliothek/senioren.html.

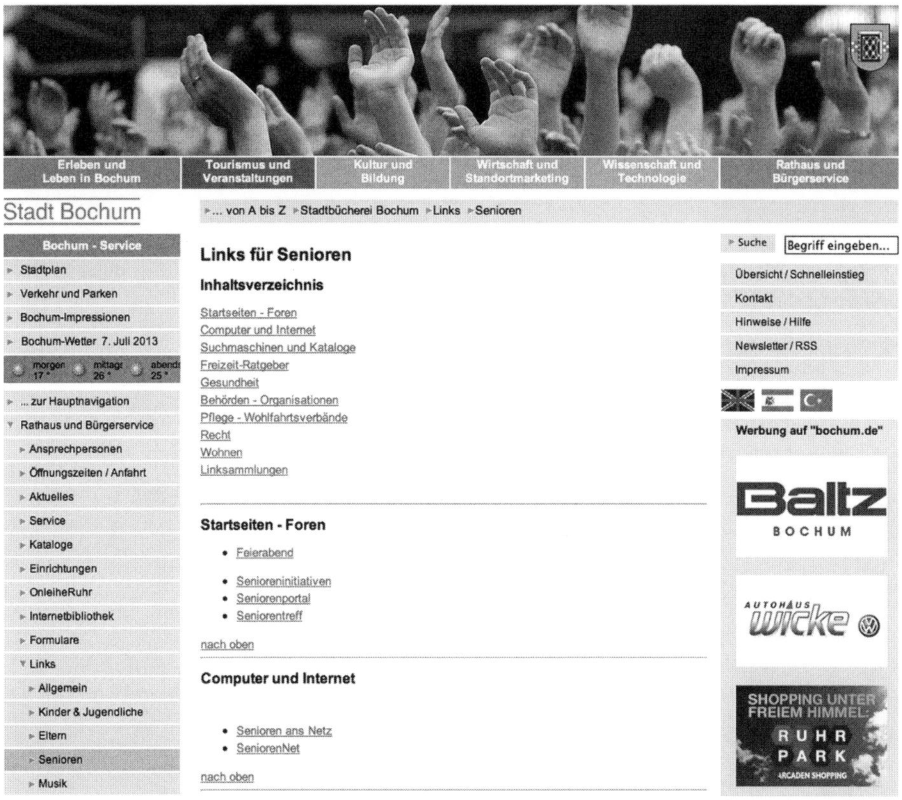

Abb. 14: Homepage der Stadtbibliothek Bochum[29]

5.2.2 Veranstaltungsführer

Ein Veranstaltungsführer, wie ihn die Stadtbibliothek Straubing seit 2003 zweimal im Jahr herausbringt, informiert über die meisten Veranstaltungen in der Kommune, die sich an Ältere richten. Um diesen Führer herauszugeben, bedarf es einiger Vorarbeiten.

Zunächst werden alle Straubinger Institutionen, Krankenkassen und Vereine, die Angebote für Ältere im Programm haben, um Bekanntgabe ihrer Termine gebeten. Die Daten werden seitens der Bibliothek in eine Datenbank eingegeben, das Layout gestaltete eine Druckerei. Herausgeberin ist die Stadtbibliothek, die dieses Medium auch für ihr spezielles Veranstaltungsangebot nutzt.

Mit einer Auflage von 2.500 Stück kam der erste Führer im September 2003 heraus und enthielt 54 Veranstaltungstermine für den Zeitraum September bis Januar. Das Heft war rasch vergriffen und es wurde beschlossen, zweimal im Jahr (Januar bis Juni und Juli bis Dezember) ein Heft zusammenzustellen.

Das Heft 1/2005 hat mehr als 120 Termine (Tendenz steigend). Inzwischen wird der Veranstaltungsführer mit einer Auflage von 1.700 Stück produziert. Finanziert werden die Druckkosten (pro Jahr ca. 1.300 € + ca. 100 € Porto) durch Anzeigen örtlicher Firmen (Banken, Sanitätshäuser, Geschäfte) und durch Mittel des Kulturamtes.

Der Zeitaufwand für die Erstellung einer Ausgabe bemisst sich folgendermaßen: Anschreiben der Inserenten und der Institutionen ca. 1 Stunde, eingeben der gemeldeten Daten ca. 5 – 6 Stunden, Korrekturlesen ca. 1 – 2 Stunden. Nachdem der Druckauftrag erteilt wird, ist ein nochmaliges Korrekturlesen von ca. 1 Stunde notwendig.

29 http://www.bochum.de/C125708500379A31/CurrentBaseLink/W273Y9QL319BOLDDE.

Der gesamte Arbeitsaufwand für eine Ausgabe bemisst sich auf ca. 10 Stunden. Die Exemplare werden per Stadtpost und Hausmeister bzw. von der jeweiligen Institution durch Abholung verteilt.

Abb. 15: Cover Veranstaltungsführer der Stadtbibliothek Straubing[30]

5.3 Gezieltes Medienangebot

Viele Bibliotheken (z. B. Gütersloh, Aschaffenburg, Straubing, Sinsheim) stellen ein Medienangebot zur Verfügung, das speziell die Interessen von Älteren anspricht. Dieses gezielte Medienangebot besteht in erster Linie aus Sachbüchern und wird ergänzt durch Zeitschriften, Großdruckbücher, Hörbücher und Spiele.

Die Präsentation erfolgt entweder im Rahmen einer eigenen Abteilung bzw. eines Kabinetts oder als Interessenkreis im Gesamtbestand. Nachfolgend sind die Beispiele der Stadtbibliotheken Straubing und Aschaffenburg für eine eigene Abteilung aufgeführt.

30 Herausgeber: Stadtbibliothek Straubing; Bildquelle: Fotolia; Gestaltet und gedruckt: Integrationsfirma Dimetria.

5.3.1 Eigene Abteilung

Stadtbibliothek Straubing

Bereits 2004 hat die Stadtbibliothek eine eigene Abteilung mit einem speziellen Angebot für Ältere eingerichtet. Der Schwerpunkt liegt auf den Sachbüchern. Für die Sachbuchbereiche wurden spezielle Internetseiten für Senioren auf ihre Rubriken hin untersucht. Insgesamt wurden 10 Bereiche festgelegt. Das Kabinett „Aktiv älter werden" bietet knapp 400 Sachbücher aus den Bereichen Wohnen, Lebensgestaltung, Weiterbildung, Fitness, Gesundheit an. Eine Besonderheit stellt das Thema Altenpflege/Altenbetreuung dar, da in einer Nachbargemeinde eine Altenpflegeschule existiert. Hier stehen Ratgeber zu Altersdemenz, Alzheimer, Biographienarbeit sowie Vorlesebücher und Brettspiele für Ältere zur Verfügung. Ergänzt wird das Sachbuchangebot durch Romane in Großdruck, Zeitschriften und Broschüren.

Die Abteilung befindet sich im 2. Stock, hat Tageslicht und ist mit dem Lift gut erreichbar. Es besteht genügend Platz zwischen den Regalen und es werden bequeme Sitzmöglichkeiten und Anleseplätze angeboten.

Stadtbibliothek Aschaffenburg

Eine bibliotheksinterne Arbeitsgruppe erstellte zunächst ein Konzept für Angebote für Senioren. Im Vorfeld wurden bereits bestehende Konzepte anderer Bibliotheken gesichtet und ortsbezogene Daten zusammengetragen. Wie in vielen anderen Städten auch nimmt die Zahl der Älteren zu (2008 waren 25 % über 60 Jahre). Ziel der Bibliothek war es, den älteren Bürgern der Stadt die Angebote der Bibliothek näher zu bringen.

Es entstand u. a. ein besonders ausgestalteter Raum im 1. Stock, die Senioren-Lounge. Diese enthält ein spezifisches Medienangebot für die Zielgruppe „Senioren ab 55". Wie andere Bereiche der Bibliothek hebt sich die Abteilung in Beschilderung und Etikettierung der Medien farblich ab. Für einen gezielten Bestandsaufbau stand ein nicht unerheblicher Medienetat zur Verfügung. Außerdem wurden mit Hilfe von Fördermitteln zusätzliche Leselampen, seniorengerechte Sessel, Lesehilfen und ein Broschürenregal gekauft.

Abb. 16: Aufenthaltsbereich für Ältere in der Stadtbibliothek Aschaffenburg

Tipp:
Abteilung gut erreichbar (ebenerdig oder mit dem Lift)!
Genügend Platz zwischen den Regalen!
Keine Präsentation auf untersten und obersten Fachböden!
Anleseplätze schaffen!
Entsprechende Beleuchtung!
Anschaffung von Leseschienen, Lesebrillen!

5.3.2 Kennzeichnung mit Interessenkreisen

Wenn die Bibliothek kein eigenes Kabinett bilden will, ist auch die Kennzeichnung mit Interessenkreisen eine gute Möglichkeit, das Angebot sichtbar zu machen.

Bei der Bezeichnung des Kabinetts bzw. des Interessenkreises wird geraten, eine Altersangabe zu vermeiden, da dies häufig als Stigmatisierung empfunden wird.

5.3.3 Hinweise zum Bestandsaufbau

5.3.3.1 Zeitschriften

Zeitschriften werden von Älteren gern gelesen. Der Inhalt von Zeitschriften, die insbesondere die Zielgruppe der Älteren ansprechen, sollte sich auf die Auseinandersetzung mit relevanten Themen wie Gesundheit (z. B. Vorsorgeuntersuchungen, Umgang mit typischen Alterserkrankungen), Ratschläge rund um das Älterwerden und Rente beziehen.[31]

Beispiele:

Zeitschriften in der Deutschschweiz:

- Zeitlupe: Die Zeitlupe ist das Magazin für Menschen mit Lebenserfahrung. Inhalt: Geschichten, interessante Informationen und nützlichen Tipps rund ums Älterwerden, vermittelt Kultur und Unterhaltung.
  Erscheinungsweise: 10x/Jahr; Umfang ca. 76 S.
  Kosten: Jahresabo 45 CHF[32]
- 50plus: Das Magazin für ein genussvolles Leben ab 50. Beiträge z.B. zum Zeitgeschehen mit Tipps zu Gesundheits- und Geldfragen, außergewöhnliche Reise- und Wanderangebote.
  Erscheinungsweise: 6x/Jahr, Umfang ca. 60 S.
  Kosten: Jahresabo 25 CHF
- Zytlos (Beispiel für ein lokales Magazin) Magazin für die ältere Generation in der Stadt Zug
  Erscheinungsweise: 3x/Jahr, Umfang ca. 24 S.
  Kosten: kostenlos

Zeitschriften in Deutschland:

- Plus (ehemals Lenz): Das Magazin für die Best-Age-Generation; alles Wichtige über Partnerschaft, Gesundheit, Fitness usw.
  Erscheinungsweise: monatlich
  Kosten: 5,85 €/Monat
- Go longlife: Magazin für Junggebliebene ab 50. Artikel zu Gesundheit, Fitness und Wellness.
  Erscheinungsweise: 6x/Jahr; Umfang ca. 58 S.
  Kosten: Jahresabo 18,30 € inkl. Versand
- BAGSO-Nachrichten: Jede Ausgabe behandelt ein aktuelles Leitthema.
  Erscheinungsweise: 4x/Jahr; Umfang 52 S.
  Kosten: Jahresabo 16 € inkl. Versand

---

31 http://www.ab55.info/Seniorenzeitschriften.html.

32 http://www.zeitlupe.ch/.

- Sonderhefte wie z.B. STERN Gesund leben 5/2011
  Kosten: Einzelheft 6,50 €
- Spezielle örtliche Zeitschriften (gedruckt oder/und im Internet)
  z. B. Frankfurt http://www.senioren-zeitschrift-frankfurt.de/
  z. B. Nürnberg http://www.sechs-und-sechzig.de
- Meine Zeitung 50plus
  z. B. Rhein-Main-Gebiet, Rheingau-Taunus-Kreis, Main- und Hochtaunuskreis und weiteren Gebieten im Speckgürtel des Rhein-Main-Gebietes
  http://www.meinezeitung50plus.de/

„Aus der Idee, den Menschen ab 50, also den sogenannten „Best Agers", die noch mitten im Leben stehen, und auch den Senioren ein interessantes und lesenswertes Medium zu bieten, entstanden unsere Zeitungen. Für die Geschäftswelt haben wir damit gleichzeitig die Möglichkeit geschaffen, sich der derzeit zahlenmäßig größten und vor allem finanzkräftigsten Bevölkerungsschicht wirkungsvoll zu präsentieren.

Das nutzen mittlerweile viele Unternehmer, um in der Ausgabe ihrer Region oder auch in Kombinationen überregional im gesamten Rhein-Main-Gebiet zu werben."[33]

5.3.3.2 Hörbücher

Für Menschen, die nicht mehr in der Lage sind, selbständig zu lesen, da ihnen die Bücher zu schwer sind, die Schrift nicht groß genug ist bzw. die Konzentration nachlässt, sind Hörbücher eine gute Alternative. Hörbücher geben der Phantasie Spielraum und produzieren in der eigenen Vorstellungswelt individuelle Bilder. Hörbücher sind der Stoff für das Kino im Kopf. Für Senioren kann die Hörbuchwelt eine Bereicherung ihres Alltags sein, da der Hörer auf keine bestimmte Sendezeit festgelegt ist, Pausen eingelegt werden können und Wiederholungen jederzeit möglich sind.

Als technische Voraussetzung wird ein CD-Player benötigt. Wer einen Computer besitzt und Zugang zum Internet hat, kann sich Hörbücher auf den Rechner bzw. auf einen MP3-Player herunterladen.

Das Angebot an Hörbüchern ist sehr umfangreich. Sie werden als Hörspiel oder Lesung angeboten, mit oder ohne Musik- bzw. Geräuschuntermalung. In der Regel werden die Hörbücher von Schauspielern gelesen. Darüber hinaus gibt es auch Autorenlesungen.

Voraussetzungen für Hörbücher, die von Älteren genutzt werden sind:
- gute Sprecherqualität;
- max. 4 CDs;
- auf Verpackung (leicht zu öffnen) der CDs achten;
- bevorzugte Genres sind Krimis, Zeitgeschichte, Biographien.

Voraussetzungen für MP3-Player bzw. CD-Player:
- große Tastatur;
- großzügiges Display zum besseren Ablesen der Texte;
- Bedienungsanleitung sollte in großer Schrift und verständlich geschrieben sein.

5.3.3.3 Spiele

Spiele für Senioren gehören zu den Erwachsenenspielen. Besonders bekannt sind Kartenspiele mit großen Zahlen und Zeichen (z. B. Karten für Skat, Schafkopf oder

33 http://www.meinezeitung50plus.de/.

Canasta). Darüber hinaus gibt es Brettspiele mit extra großen Würfeln und Spielfiguren aus Holz. Das Angebot bezieht sich in erster Linie auf traditionelle Spiele wie „Mensch ärgere dich nicht“, „Mühle“ oder „Dame“.

Viele Spiele sind für ältere Menschen nicht geeignet, da das Lesen und Erkennen von Symbolen Probleme bereitet, wenn die Schriftgröße oder der Kontrast zu den umgebenden Flächen zu gering ist. Hinzu kommt, dass die Greiffähigkeit für kleine Spielmaterialien abnimmt.

Tipp:
Geeignete Spiele für ältere Menschen sind neben den traditionellen Brettspielen Spiele, die die Konzentration und Merkfähigkeit bis ins hohe Alter fördern.

Beispiele:[34]

Kreis-Sudoku

Beim Kreis-Sudoku wird das beliebte Spiel einmal in einer ganz anderen Variante realisiert. Statt mit Zahlen wird hier mit farbigen Steinen gespielt, jede Farbe darf in einem Strahl nur ein einziges Mal vorkommen. Aber das ist nicht die einzige Schwierigkeit, die Farbe darf auch in jeder Kreisbahn und in jedem Bereich des Kreises nur einmalig sein. Einige Steine sind vorgegeben, dann ist das Denkvermögen der Spieler gefragt, denn es gibt jeweils nur eine korrekte Lösung.

Das Spielbrett ist sehr groß und durch die Vertiefungen bleiben die Spielsteine auch an ihrem Platz. Das Spielbrett besteht aus Buchenholz, die Spielfiguren aus Ahornholz. Durch die farbigen Steine können Fehlpositionen, d. h. wenn Steine doppelt in einer Reihe oder Spalte vorkommen, viel leichter erkannt werden. Das ist einmal eine ausgefallene Art, Sudoku zu spielen.

Waldspaziergang

Bei dem Spiel Waldspaziergang handelt es sich um ein äußerst hochwertiges Memory aus Holz. Obwohl das Prinzip einem Memory entspricht, ist der Waldspaziergang wesentlich mehr, denn es ist gleichzeitig auch ein Laufspiel. Das Spiel ist nicht nur etwas für ältere Leute, sondern macht auch schon kleinen Kindern einen riesigen Spaß, so dass man es auch mit der ganzen Familie spielen kann. Ganz nebenbei lernen Kinder die heimische Natur kennen.

Das Spielprinzip ist ganz einfach. Wer als Erster die Dreierpärchen, die sich aus Baum, Blatt und Frucht zusammensetzen, findet, der darf weiter. Alle Motive sind dabei auf dem Originalholz des zugehörigen Baumes gedruckt. Des Weiteren geht es darum, seinen Mitspielern die Pilze zu stehlen. Gewinner ist derjenige, der alle Pilze eingesammelt hat.

Vertellekes

Das Frage-und-Antwort-Spiel Vertellekes wurde speziell für Senioren entwickelt und soll vor allem die Gefühlswelt und Gedankenwelt von älteren Menschen ansprechen. Es ist für vier bis zehn Spieler geeignet und kann auch wunderbar von Demenzkranken gespielt werden. Es wird ein Spielleiter benötigt, doch es gibt keine Gewinner oder Verlierer bei Vertellekes und auch keine festgelegte Zeit, so dass alles sehr flexibel und locker gestaltet werden kann.

34 Spiele für Senioren http://www.tipps.net/spiele-fuer-senioren-6-tipps.html.

Vertellekes kommt aus dem Plattdeutschen und bedeutet Erzählungen. Und genau darum geht es auch bei dem Spiel. Die Mitspieler sollten zusammen sitzen und sich gegenseitig etwas erzählen. Durch die vielen Fragen gibt das Spiel Impulse zum Erinnern, Nachdenken, Schmunzeln und Singen. Bei Vertellekes handelt es sich um ein tolles Spiel, bei dem ältere Menschen in der Gruppe ein Gemeinschaftserlebnis haben und sich besser kennenlernen oder eventuell sogar Erfahrungen austauschen.

6 Veranstaltungsangebot

Veranstaltungen machen Bibliotheken zu einem interessanten Ort. Aktuelle Themen werden nicht nur durch ein entsprechendes Medienangebot aufgegriffen, sondern auch durch entsprechende Veranstaltungen. Dies setzt voraus, dass die Bibliothek bzw. der Kooperationspartner über entsprechende Räumlichkeiten verfügt. Für Lesungen und Vorträge ist in der Regel eine Reihenbestuhlung vorgesehen. Daher können diese Veranstaltungen, vorausgesetzt die Bibliothek kann ihre Regale beiseiteschieben, auch mitten in der Bibliothek stattfinden.

Für Erzählcafes, Schreibwerkstätten oder Literaturkreise bedarf es eines abgeschlossenen Raumes, da diese Veranstaltungen eine gewisse Offenheit der Gruppenmitglieder voraussetzen.

Tipp:
Bei Veranstaltungen für Ältere ist auf Atmosphäre, Uhrzeit und Moderation besonders Wert zu legen.

Übung:

Wie sieht die Organisation für den Ablauf einer Veranstaltung aus?
Welches Thema soll vorgestellt werden (z. B. Sachthema, Lesung)?

Wer referiert?

Welche Uhrzeit ist ideal?

Wer eignet sich als Kooperationspartner?

Wer moderiert und was ist bei der Moderation zu beachten?

Wie soll der Raum gestaltet werden?

____

____

____

Wie betreibe ich erfolgreiche Öffentlichkeitsarbeit?

____

____

____

6.1 Checkliste – Veranstaltungen

Veranstaltungsname		
☐ Lesung/Vortrag	☐ Schreibwerkstatt	
☐ Literaturkreis	☐	
Eckdaten		
☐ Datum		
☐ Uhrzeit		
☐ Veranstaltungsort		
☐ AnsprechpartnerIn vor Ort		
☐ Bestuhlung		
☐ Tische		
☐ Büchertisch		
☐ Catering		
ReferentIn		
☐ BibliotheksmitarbeiterIn		
☐ Ehrenamtlicher	☐ Honorar	☐ Geschenk
☐ Bezahlte/r ReferentIn	☐ Honorar	☐ Hotel
	☐ Fahrtkosten	
☐ Tisch, Stehpult, Stuhl	☐ Beamer	☐ Leinwand
☐ Mikrophon	☐ Tischmikro	☐ Stehmikro
Kooperationspartner		
☐ VHS	☐ Essen auf Rädern	
☐ Freiwilligenzentrum	☐ Senioreneinrichtungen	
☐ Soziale Verbände (AWO, Caritas, DRK ...)	☐ Buchhandlung	

Finanzierung	Summe	
☐ Etatmittel		€
☐ Sponsoren		€
☐ Spenden		€
Öffentlichkeitsarbeit		
☐ Flyer	☐ Radiobericht	
☐ Zeitungsbericht	☐ Lokalfernsehen	
☐ Newsletter	☐ Weblog	
☐ Facebook	☐	
Evaluation		
☐ Fragebogen	☐	

6.2 Vorträge und Lesungen

Regelmäßige Vorträge zu bestimmten Themen, die Ältere interessieren könnten, wie gesunde Ernährung, Senioren im Straßenverkehr, Testament – Patientenverfügung, Wohnen im Alter oder Demenz können als Einzelveranstaltung oder Programmreihe angeboten werden. Als Referent/Referentin können Personen mit Spezialkenntnissen gewonnen werden z.B. Arzt, Notar. Als Kooperationspartner eigenen sich die Volkshochschule, das Freiwilligenzentrum, Krankenkassen, die auch Referierende zur Verfügung stellen.

6.3 Erzählcafe und Literaturgesprächskreis

Diese Veranstaltungen können in Zusammenarbeit mit der Volkshochschule angeboten werden oder durch eigene Mitarbeiter. Als Themen eignen sich solche, die an die Lebenswelt von Senioren anknüpfen wie Kindheitserinnerungen, Reisen, Haustiere. Veranstaltungen, die sich mit bekannten Autoren wie Rosamunde Pilcher oder Genres wie dem Kriminalroman beschäftigen, erreichen meist ein großes Publikum. Zu beachten ist die Gestaltung der Räumlichkeiten sowie bei wiederkehrenden Veranstaltungen keinen Wechsel der Moderatorin/des Moderators.

Insbesondere Erzählcafes sind geeignet, um Erlebnisse und Erfahrungen der Älteren in Erinnerung zu rufen. Dadurch wird ihre Gefühls- und Gedankenwelt erhalten und gefördert. Durch den Erfahrungsaustausch über die eigene Lebensgeschichte können sich viele gemeinsame Alltagserfahrungen ergeben. Die Auseinandersetzung mit der Vergangenheit und der Gegenwart führt dazu, dass die Älteren Fragen an ihre Zukunft richten.

Die Leitung von Erzählcafes sollte den Beteiligten anfangs erläutern, dass Vertraulichkeit nur entstehen kann, wenn persönliche Erzählungen nicht nach außen dringen. Eine vertraute Atmosphäre kann entstehen, wenn zu Beginn gesungen wird bzw. ein kurzer Text, z. B. ein Gedicht oder einige Gedichtzeilen vorgelesen wird. Auch ein kurzer Austausch über die wichtigsten Zeitungsmeldungen ist ein passender Einstieg.

Tipp:
Jeder Teilnehmende kann sich äußern, muss aber nicht! Freiwilligkeit ist oberstes Gebot!

Damit alle Gruppenmitglieder die Möglichkeit haben, sich einzubringen, sollte die Gruppengröße 10 Mitglieder nicht überschreiten. Je größer die Gruppe, desto mehr Seitengespräche können entstehen. Daraus entsteht oft Unruhe und die Atmosphäre ist gestört.

Die Gesprächsführung durch die Leitung bedarf viel Fingerspitzengefühls. Regeln und Vorgaben können Sicherheit und Ordnung bringen, aber auch den Austausch behindern. Die Leitung muss entscheiden, ob z. B. Gespräche zwischen zwei einzelnen Personen die Gruppe stören oder dem Gruppenbedürfnis entsprechen.

Einfache, grundsätzliche Gesprächsregeln sollten zu Beginn des Erzählcafes festgelegt werden. Wenn es notwendig ist, sollte die Leitung die Teilnehmenden auf die vereinbarten Regeln hinweisen.

Die Wünsche und Interessen der Gruppenmitglieder sollten berücksichtigt werden. Sie können als Ausgangspunkt oder Anlaß für einen Austausch genutzt werden. Ebenso können die Wünsche und Intentionen der Teilnehmenden z. B. über eine Kartenabfrage herausgefunden werden.

Tipp:
Sich gegenseitig ausreden lassen! Zuhören, wenn gesprochen wird! Nicht dazwischen reden, sondern nacheinander reden!

6.4 Schreibwerkstatt

In einer Schreibwerkstatt trifft sich eine Gruppe Gleichgesinnter, um Texte zu schreiben und zu besprechen bzw. sich mit der Sprache auseinanderzusetzen.

Bei der Organisation einer Schreibwerkstatt sind grundlegende Dinge zu beachten. Die Teilnehmerzahl sollte 12 Personen nicht überschreiten, sonst kommen die einzelnen Personen selten an die Reihe.

Vorbildliche Beispiele für eine seit Jahren stattfindende Schreibwerkstatt sind die der **Stadtbücherei Würzburg und der Stadtbibliothek Gelsenkirchen.**

In der Stadtbücherei Würzburg findet unter dem Motto „Worte des Lebens“ alle 14 Tage immer mittwochs von 10.15–11.45 Uhr eine Schreibwerkstatt für Seniorinnen und Senioren statt.

Die Diplombibliothekarin und Autorin Kriemhild Buhl stellt Kreativitäts- und Schreibtechniken zum Erstellen kleiner Geschichten und Gedichte über eigene Erfahrungen und Gefühlserlebnisse vor. Die Texte der Teilnehmer werden im Anschluss vorgelesen und von der Kursleiterin moderiert. Daneben gibt es reichlich Gelegenheit, miteinander ins Gespräch zu kommen. Vorkenntnisse im Bereich des kreativen Schreibens sind nicht erforderlich.

Die Teilnahme ist kostenlos und unverbindlich. Da die Teilnehmerzahl begrenzt ist, wird jedoch um Anmeldung gebeten.

Ein Angebot der Stadtbücherei Würzburg erfolgt in Zusammenarbeit mit der Beratungsstelle für Senioren und Menschen mit Behinderung.

Die Geschichten der Schreibwerkstatt 2007 sind auf www.i4s.de (Internet ‘Von Senioren für Senioren’ e.V. – Würzburg) veröffentlicht. Die Geschichten aus den Jahren 2008 und 2009 sind unter der Internetadresse http://www.flickr.com/photos/27882742@N08/sets/72157621904267681/show/ zu finden.

Zitat:
„Das Schreiben löst die Illusion vom individuellen Sein auf, und man wird Teil eines Ganzen.“
(Cornelia Funke)

Projektbeschreibung:
Basierend auf der Idee, dass kreatives Schreiben gelernt und gelehrt werden kann, knüpft der Kurs an die amerikanische Bewegung des „creative writing“ an. Seit Jahren werden in Amerika Kurse für Zielgruppen jeder Art angeboten.

Schreiben war bislang eine eher isolierte Tätigkeit. Die Schreibwerkstatt holt den Einzelnen aus seiner Isolation. Das Schreiben in der Gruppe, nach Methoden des kreativen Schreibens, potenziert die eigene Schreibenergie. Die Gruppe gibt spontane

Impulse und sofortiges Feedback. Die Schreibwerkstatt ist ein Ort des Ausprobierens, des sich Loslösens, des Entdeckens und des sich Entfaltens.

Auf der Sachebene lernen die Teilnehmer verschiedene Methoden kennen, die ihre Schreibblockaden lösen können und die einen Zugang zum eigenen kreativen Potential bieten. Dazu gehören Schreibtechniken wie Mind Mapping, automatisches Schreiben, freie Assoziationen, Clustering Technik, autobiographisches Schreiben.

Auf spielerische Art werden eigene Texte, Lyrik, Collagen und Gruppenarbeiten handschriftlich produziert; wer möchte, kann seinen Text der Gruppe vortragen. Jedem Treffen liegt ein Thema zugrunde, das gemeinsam bearbeitet wird. Nach der Schreibphase gibt es Gelegenheit zu Gesprächen und zur Auseinandersetzung mit dem Thema und den Methoden.

Stadtbibliothek Gelsenkirchen

Im Jahr 2006 gründete die Stadt Gelsenkirchen die Zukunftswerkstatt 50+. Ziel dieser Initiative ist es, Senioren aktiv in die Gestaltung ihrer Stadt einzubinden. Die Zukunftswerkstatt bietet die Möglichkeit, eigene Projekte zu entwickeln und Mitstreiter zu finden. Eines der ersten Projekte war das Bibliothekscafe.[35]

Inzwischen hat das Bibliothekscafe Tradition, es wird einmal im Monat in Zusammenarbeit mit der Stadtbibliothek organisiert. An jedem 2. Mittwoch im Monat findet die gesellige Literaturveranstaltung jeweils unter verschiedenen Mottos statt. In ungeraden Monaten von 14.30 bis 16.00 Uhr, in geraden Monaten von 10.30 bis 12.00 Uhr.[36]

---

35 Schwichtenberg, Jutta: Bibliothekscafe mit Älteren in der Stadtbibliothek Gelsenkirchen.

36 http://www.id55.de/ausdenstaedten/gelsenkirchen/zukunft.html.

7 Generationenübergreifende Projekte

7.1 Vorlesen in Kindergärten, Horten, Schulen, Bibliotheken

Vorleseprojekte gibt es inzwischen in vielen Bibliotheken. Regale voller Bilderbücher sind nutzlos, wenn Kinder damit allein gelassen werden. Genau das geschieht jedoch immer häufiger, denn Eltern und Erzieherinnen bzw. Erzieher finden nicht genügend Zeit, Kindern vorzulesen. Um Kindern dennoch von klein auf Spaß am Lesen zu vermitteln, werden Vorlesepaten eingesetzt.

Gezielte Schulungen in Vorlesetechnik und Kommunikation mit Kindern sowie regelmäßige Informationen über den aktuellen Buchmarkt sind Voraussetzungen für erfolgreiche Vorlesestunden. Wichtig ist auch eine kompetente Betreuung der Vorlesepaten.

Abb. 17: Vorlesestunde in der Stadtbibliothek Straubing

7.2 Bilderbuchkino

Eine beliebte Veranstaltung bei Kindern ist das Bilderbuchkino. Das Erzählen und gleichzeitige Zeigen der Bilder zieht Kinder an und fördert das eigenständige Erzählen. Neben Schulungen in Didaktik des Erzählens ist auch die Einweisung in die Technik sowie die Bereitstellung der Unterlagen Voraussetzung für ein gutes Gelingen der Veranstaltung. Im Anschluss an ein Bilderbuchkino wird häufig gemalt und gebastelt. Die Materialien hierzu stellt ebenfalls die Bibliothek zur Verfügung.

Tipp:
Schulungen in Vorlese-, Erzähltechnik, Kommunikation mit Kindern sowie Informationen über den Buchmarkt sind Voraussetzung für den Erfolg.

7.3 Schreibwettbewerb

Ein interessantes Projekt, welches Bibliotheken auf ihre Möglichkeiten übertragen könnten, bietet die Internetplattform LizzyNet. In den Jahren 2000 bis Ende 2007 war LizzyNet ein Projekt des Schulen ans Netz e. V. Das Projekt wurde aus Mitteln

Tipp:
Bibliotheken könnten in Zusammenarbeit mit örtlichen Medien oder Jugendeinrichtungen ein ähnliches Projekt über ihre Homepage initiieren.

des Bundesministeriums für Bildung und Forschung und des Europäischen Sozialfonds finanziert und wird nun getragen von der Betreibergesellschaft LizzyNet GmbH. Die Mitgliedschaft ist kostenlos.[37] Die Angebote werden von Medienpädagogen entwickelt und betreut. Für das Jahr 2013 wurde das Projekt „U20–Ü60 So wollen wir zusammen leben" konzipiert. Die Textbeiträge können z. B. von Geschichten von Jung und Alt handeln, es können Briefwechsel zwischen Jungen und Alten sein, philosophische Beiträge über das Alt- und das Jungsein. Die Beiträge müssen in digitaler Form eingereicht werden und eine Jury entscheidet über die schönsten Einsendungen.[38]

7.4 Projekte des ZAWIW der Universität Ulm

Das Zentrum für Allgemeine Wissenschaftliche Weiterbildung (ZAWIW) der Universität Ulm bietet innovative Bildungsangebote insbesondere für Erwachsene im „dritten Lebensalter".

Dabei kommen folgende Ansatzpunkte in Bezug auf individuelle Lernprozesse zum Tragen:
- Lernen als Teil unseres Lebens begreifen;
- informelles Lernen aufwerten;
- an den Kompetenzen ansetzen;
- neue Technik/Internet als machbar und nützlich für die eigenen Interessen erfahrbar machen[39].

7.4.1 Ulmer Lernnetzwerk KOJALA

„KOJALA (**Ko**mpetenzbörse für **J**ung und **A**lt im **L**ern-**A**ustausch) ist ein Lernnetzwerk von und für ältere und jüngere Menschen, die bereit sind, ihr Wissen und ihre Fähigkeiten mit anderen zu teilen."[40]

Von 2006-2009 bot das Modellprojekt „Ulmer Lernnetzwerk KOJALA" Kurse und Lernevents an, in denen sich junge und alte Menschen zu einem lebendigen Lernaustausch begegnen konnten. Mit diesem Modellprojekt beabsichtigte man, das Internet als Lern- und Erfahrungsraum für Jung und Alt zu testen und gemeinsam mit anderen Kooperationspartnern nachhaltig ein Lernnetzwerk für alle Generationen zu etablieren.

Seit dem Auslaufen des Modellprojekts „Ulmer Lernnetzwerk KOJALA" werden gemeinsam mit einer Anlauf- und Koordinierungsstelle für Schule und außerschulische Angebote der Stadt Ulm weitere Alt-Jung-Lernaktivitäten initiiert, durchgeführt und begleitet.[41]

37 http://www.lizzynet.de/wws/5413924.php?sid=25927281903058660336843334334670.
38 A.a.O.
39 Stadelhofer, Carmen: Seniorinnen und Senioren in der Informationsgesellschaft.
40 http://www.uni-ulm.de/en/einrichtungen/zawiw/ulmer-lernnetzwerk-kojala.html.
41 A.a.O.

7.4.2 Lesepatenprojekt „Lesen macht Spaß“

Schüler einer 9. Klasse in Mannheim wurden in dem virtuellen Leseprojekt „Lesen kann Spaß machen“ über sechs Monate von Lesepaten deutschlandweit über das Internet beim Lesen eines Buches begleitet.

Die Bücher wurden von den Schülern ausgewählt und zusammen mit der Lehrerin wurde eine vielfältige Buchliste zusammengestellt. Es waren Titel wie Harry Potter oder Tom Sawyer vertreten. Über das Ulmer Lernnetzwerk KOJALA und den bundesweiten Verein ViLE [42] wurden dann 22 Lesepaten und Lesepatinnen für das Leseabenteuer der besonderen Art gefunden.

Die Lesepaten und Lesepatinnen unterstützten die Schüler und gaben viele Anregungen per E-Mail. Im Rahmen einer Abschlusspräsentation in Mannheim traf sich Jung und Alt und zeigte seine Ergebnisse. Geplant und konzeptioniert wurde das virtuelle Leseprojekt von einer Deutschlehrerin, einer Vertreterin des Vereins ViLE und dem Ulmer Lernnetzwerk KOJALA.[43]

7.4.3 Virtuelles Leseprojekt „Kalte Zeiten“

Gemeinsam mit Senioren und Seniorinnen lasen, diskutierten und arbeiteten Schüler einer 9. Klasse Realschule an dem Buch „Kalte Zeiten“. In dem Buch geht es um eine wahre deutsch-polnische Kriegsgeschichte, die in Olen im Sommer 1944 spielt. Begleitet wurde das Projekt vom KOJALA-Team, Lesepaten, Zeitzeugen und dem Autor Werner Toporski. Das Projekt wurde erstmals im Schuljahr 2008/2009 als virtuelles und reales Leseprojekt durchgeführt, Jung und Alt nutzten dazu die Internetplattform KOJALA. Im Schuljahr 2010/2011 wurde das virtuelle Leseprojekt erneut mit einer 9. Klasse der Realschule durchgeführt.[44]

Zu diesem Projekt gibt es eine Broschüre.[45]

Tipp:
In Anlehnung an diese Leseprojekte der Universität Ulm könnten ähnliche Projekte in Bibliotheken mit entsprechenden Kooperationspartnern (Schulen, Freiwilligenzentren, Volkshochschulen) umgesetzt werden.

42 https://www.vile-netzwerk.de/wir-ueber-uns.html.
43 https://www.kojala.de/aktivitaeten/virtuelle-lernprojekte/lesepatenschaft.
44 https://www.kojala.de/aktivitaeten/virtuelle-lernprojekte/kalte-zeiten.
45 https://www.kojala.de/sites/default/files/kalte_zeiten-broschuere-web.pdf.

8 Soziale bzw. aufsuchende Bibliotheksarbeit

Da sich unsere Zukunft in technologischer und gesellschaftspolitischer Hinsicht immer weiter entwickeln wird, muss der Zugang zu Informationen und der Bibliothek als öffentlicher Raum allen Bevölkerungsgruppen ermöglichst werden. Für mich bedeutet dies, wenn ein Mensch nicht in der Lage ist, die Bibliothek aufzusuchen, dann muss die Bibliothek bzw. müssen die Medien zum Menschen kommen.

8.1 Lesen im Alter

Die dritte Lebensphase ist auch eine dritte Lesephase. Der Lesezwang ist entfallen, jetzt geht es stärker um Selbstgewinn und Selbstfindung. Das Leseinteresse orientiert sich mehr am eigenen Schicksal, an der eigenen Geschichte und an der persönlichen Zukunft. Die Interessenschwerpunkte der über 60-Jährigen liegen bei gesundheitlichen Ratgebern, geschichtlichen und biographischen Romanen, Informationen über andere Länder und deren Religionen. Eine ebenso große Rolle spielt der Rückblick in die eigene Geschichte. Die Jagd nach Neuerscheinungen spielt eine untergeordnete Rolle, häufig wird auf Literatur zurückgegriffen, die in jüngeren Jahren wichtig war.

8.1.1 Bedeutung des Lesens im Alter

Zitat:
„Lesen ist Denken mit fremdem Gehirn." (Jorge Luis Borges)

Es ist für die geistige Aktivität von Vorteil, wenn ältere Menschen zu Büchern und Zeitschriften bzw. der Zeitung greifen. Lesen erfordert eine höhere Konzentration als Fernsehen oder Radiohören und trainiert die Fähigkeit, Neues und Interessantes in sich aufzunehmen. Lesen lässt eine Kapazität der Umweltverarbeitung entstehen, die lange vorhält. Die Gedächtnisleistung wird dadurch unterstützt, dass Wörter im Gehirn zu Bildern umgesetzt werden. Darüber hinaus bilden sich beim Lesen neue Verbindungen der Nervenzellen im Gehirn aus. Die Durchblutung steigt in den Gehirnarealen, mit denen ältere Menschen lernen. Durch kontinuierliches Lesen bleiben die Gehirnareale aktiv.[46]

Außerdem ermöglicht Lesen den Dialog mit Menschen über Generationen, Barrieren und Grenzen hinweg. Geschichten, die Ältere an Kindheitserlebnisse, Begebenheiten aus der Berufszeit oder der Familie erinnern, sind häufig Anknüpfungspunkte für Gespräche.

Sachbücher, Zeitungen und Zeitschriften vermitteln Informationen über andere Menschen, Länder sowie aktuelles Zeitgeschehen. Dieses Wissen hilft bei der eigenen Meinungsbildung und ist Grundlage für Diskussionen und Gespräche. Dadurch wird die soziale Teilhabe und Kompetenz gefördert.[47]

8.1.2 Lesedefizite älterer Menschen

Die Studie „Lesen in Deutschland 2008" hat ergeben, dass „jeder Vierte in Deutschland keine Bücher liest"[48]. Die Untersuchung ergab, dass „31 % der jungen Menschen zwischen 14 und 29 Jahren" sowie „31 % der 60-Jährigen und älter" nie ein Buch zur

46 Lesen im Alter in: www.senioren.lerntipp.at vom 07.04.2011.
47 Vgl. Helck, Simone, Wilken, Britta.: Warum Lesen so wichtig ist ...
48 Lesen in Deutschland 2008: Stiftung Lesen, Mainz 2008 S. 22.

Hand nehmen. Zählt man die 22 % der 50-59-Jährigen noch hinzu, so lässt sich feststellen, dass insgesamt 53 % der Älteren keine Bücher lesen.[49]

Obwohl doch nach der Berufstätigkeit und nach dem Auszug der Kinder aus dem Haus ältere Menschen mehr Zeit haben, trifft man unter ihnen proportional weniger eifrige Leser als unter den Jungen, die noch voll ins Alltagsgeschäft eingespannt sind. Warum ist das so?

Hinter dem Lesedefizit verbirgt sich oft ein Bildungsdefizit. Die Lesebereitschaft hängt eng mit der Länge der Ausbildungszeiten zusammen. Menschen mit höherer Schulbildung entwickeln ein engeres Verhältnis zum Buch als Menschen mit einfacherer Ausbildung.

Eine andere Ursache ist, dass in der älteren Generation von heute fast die Hälfte aller Frauen ohne Lehre und somit ohne die Anregungen einer beruflichen Bildung geblieben ist. Außerdem kommt hinzu, dass die Mehrheit der über 60-Jährigen in einem Umfeld groß geworden ist, in dem Bücher keine große Rolle gespielt haben, als unnötig abgetan wurden bzw. als Vorrecht der Besserverdienenden gesehen wurden. Nur in jeder siebten Familie wurde viel gelesen, vorgelesen noch seltener.

Im Jahr 2030 wird die Generation alt sein, die in den vollen Genuss der Bildungsreform gekommen ist, die Mehrheit der Frauen wird eine qualifizierte Berufsausbildung erfahren haben und schließlich wird diese Generation sich an eine Kinder- und Jugendbuchkultur erinnern, die es zuvor nicht gab.

Wenn eine längere Schulausbildung, eine bessere berufliche Qualifikation und ein größerer Bücherreichtum in der Kindheit allein ein Garant für lebenslanges Lernen wären, dann würde sich das Problem in den nächsten 10–20 Jahren in Luft auflösen.

Allerdings resultiert die Lesehemmung nicht nur allein aus dem Generationenschicksal. Hinzu kommen unabhängig davon noch drei weitere Faktoren:

---

a) **Nachlassende körperliche Kondition**: Auch die nachlassende Sehkraft veranlasst jeden zweiten über 60 Jahre dazu, über Schwierigkeiten mit kleinerem Druck zu klagen. Teilweise können eine Brille oder Lupe sowie Bücher mit großen Buchstaben diese Schwäche abmildern. Ebenso haben Verlage Bücher in Großdruck und mit einem breiteren Zeilenabstand auf den Markt gebracht.
Etwas schwieriger ist es, für die nachlassende Konzentration eine Lösung zu finden. Unter den sechs Lesetypen der Studie Lesen 2008 gehören 25 % der Befragten zu den „Leseabstinenten". Diese sind sowohl männlich als auch weiblich, einfach gebildet und eher ältere Menschen. Längeres Lesen empfinden sie als anstrengend.[50]
Texte mit langen Sätzen sowie dicke „Wälzer" werden von 77 % der Senioren abgelehnt.

b) **Ausfallende Anforderungssysteme**: Oft wird gelesen, weil man zum Lesen gezwungen wird. Das erste prägende Anforderungssystem ist die Schule. Wer nicht lesen lernt, kommt nicht weiter. Das zweite große Anforderungssystem ist das Berufsleben. Vor allem in den sog. Büroberufen ist ständige Lesebereitschaft erforderlich. Das Auseinandersetzen mit und die Interpretation von Texten sowie Formulierungen von Schriftstücken setzt Lesefertigkeit voraus. Das dritte, nicht zu unterschätzende Anforderungssystem ist die Familie. Vor allem der Umgang mit Kindern, die ohne die Unterstützung ihrer Eltern nur schwer zu eifrigen Lesern werden, spornt zum Lesen an. Wenn das Berufsleben zu Ende geht, die Kinder aus dem Haus gehen, entfallen all diese Anforderungssysteme. Obwohl jetzt die Zeit zu ausgedehnter Lektüre vorhanden wäre, wird weniger gelesen. Die Gesprächspartner, mit denen man sich früher auch über Lektüre ausgetauscht hat, sind verloren gegangen. Lesen in der nachberuflichen und nachfamiliären Phase bedeutet auch Lesen im echolosen Raum.

c) **Zunehmende Vereinzelung**: Niemand liest gern für sich allein. Nur dem Augenschein nach isoliert sich der Leser von seiner Umgebung, wenn er sich ganz in seine Lektüre vertieft. Am Ende taucht er aber wieder auf, um sich über das Gelesene auszutauschen. Ist kein Gegenüber zum Austausch vorhanden, so besteht die Gefahr, dass die Freude am Lesen nachlässt.

---

49 A.a.O.
50 Lesen in Deutschland 2008: Stiftung Lesen, Mainz 2008, S. 57.

Eine altersspezifische Leseförderung müsste schwerpunktmäßig hier ansetzen, indem sie versucht, das Schwächerwerden der sozialen Einflüsse zu kompensieren.[51]

Neben Veranstaltungen wie Literaturkreis, spezifische Lesungen und Vorträge sowie Erzählcafe können Vorlesestunden in Bibliotheken bzw. in Senioreneinrichtungen angeboten werden.

Damit ältere Menschen, die weder die Bibliothek persönlich aufsuchen können noch eine Person haben, die ihnen Medien bringt, umfassend mit Literatur versorgt werden, kann die Bibliothek einen mobilen Bücherdienst einrichten. Eine weitere Möglichkeit sind Medienkisten, die mit verschiedenen Medien zu den unterschiedlichsten Themen gepackt sind und an Senioreneinrichtungen geliefert bzw. von diesen abgeholt werden. Denkbar ist die Etablierung eines „mobilen Büchertischs", der regelmäßig in einer Einrichtung stattfindet und die Literaturversorgung der Bewohner und Bewohnerinnen gewährleistet.

8.2 Vorlesen in Senioreneinrichtungen bzw. in Bibliotheken

Viele ältere Menschen können aufgrund von Seh- und Konzentrationsschwächen kaum noch etwas selber lesen. Daher sind sie auf Menschen angewiesen, die ihnen die Zeitung, Kurzgeschichten, Gedichte oder ein Buch vorlesen. Das Vorlesen trainiert den Geist der Älteren, fördert den Austausch untereinander und stärkt die Merkfähigkeit.

8.2.1 Vorlesen für Demenzkranke

Eine besondere Aufgabe stellt das Vorlesen für Demenzkranke dar. Gegenwärtig leben in Deutschland etwa 1,4 Millionen Menschen, die an Demenz erkrankt sind. Jährlich kommen etwa 300.000 Neuerkrankungen hinzu. Bis zum Jahr 2020 wird die Zahl auf 1,8 Millionen ansteigen und bis 2050 werden es 3 Millionen Demenzkranke sein.[52] Demenz ist ein Preis für die Langlebigkeit einer Gesellschaft. Aber auch im Alter, mit Erkrankung oder Behinderung muss ein selbstbestimmtes Leben möglich sein. Dies gilt es, zu fördern und Wege dahin aufzuzeigen. Die Lebensqualität der Betroffenen wird dadurch vergrößert.

Da Bibliotheken auch einen sozialen Auftrag haben, sollten sie intergenerationelle Dienste, Programme und Projekte anbieten, um die Isolation älterer Menschen zu verringern und damit zum Zusammenhalt der Gesellschaft beitragen.

Auf dem IFLA Weltkongress 2012 in Helsinki wurde unter dem Titel „Intergenerational solidarity in libraries" eine Publikation vorgestellt, die das Lesen als Bindeglied zwischen den Generationen thematisiert. Außerdem sollten Bibliotheken mittels generationenübergreifender Dienstleistungen die Solidarität in der Gesellschaft fördern.

In Niedersachsen engagiert sich die Gemeindebücherei Westoverledingen bereits seit 2010/2011 mit dem Projekt „Schätze entdecken". Sie gibt dem Thema „Demenz" einen wertschätzenden Platz im öffentlichen Leben der Gemeinde. Es wurden ein spezieller Medienbestand und entsprechende Fortbildungsangebote aufgebaut, die allen Menschen aller Generationen frei zugänglich sind. Damit bietet sie beste Voraussetzungen für eine Förderung des interdisziplinären Austausches.[53]

---

51 Lesen im Dritten Lebensalter – Wege zum Buch in: Forum Demographie und Politik special //1998.
52 http://www.bmfsfj.de/BMFSFJ/Aeltere-Menschen/demenz.html.
53 http://www.aktion-demenz.de/foerderprogramm/projektberichte-2-auflage/275.html.

Des Weiteren hat es zum Thema Demenz 2012/2013 ein Projekt der HAW Hamburg gegeben.[54]

Bereits in frühen Phasen der Demenz werden die Betroffenen von der kulturellen Teilhabe ausgeschlossen. Bisher ist das Personal in deutschen Bibliotheken in der Regel noch nicht in den Personenkreis einbezogen, der sich professionell um Menschen mit Demenz kümmert. Das Bibliothekspersonal benötigt viel Geduld, Einfühlungsvermögen und auch Kooperationspartner, damit den Betroffenen weiterhin die kulturelle Teilhabe ermöglicht werden kann. Das Projekt „Lesefreude erhalten" der Hochschule für Angewandte Wissenschaften (HAW) Hamburguntersuchte, welchen Beitrag Bibliotheken dazu leisten können, von Demenz Betroffenen so lange wie möglich eine Teilhabe am kulturellen Leben zu ermöglichen. Vorrangiges Ziel des Projektes war die Erarbeitung eines übergrei-fenden bibliothekarischen Konzeptes, das Anregungen für zielgruppenorientierte Bibliotheksarbeit für Menschen mit Demenz gibt. Im weiteren Rahmen des Projektes sollten bestehende bibliothekarische Konzepte und Programme für ältere und an Demenz erkrankte Menschen gesichtet und evaluiert werden.[55]

Mit dem Projekt „Picknick im Labyrinth" stellt die Büchereizentrale Schleswig-Holstein den Öffentlichen Bibliotheken Medienangebote für die Begleitung von Menschen mit Demenz zur Verfügung. Jede dieser speziellen Medienboxen enthält ca. 20 Titel, darunter Bücher, DVDs, Hörspiele, Lieder und Bildkarten für das Erzähltheater zu Märchen, Geschichten und Alltagswelten vor allem der prägenden Lebensphasen Kindheit und Jugend alter Menschen, darüber hinaus Beschäftigungsideen und Spiele zur Aktivierung von Körper, Geist und Seele als Ideenbörse für Betreuer sowie Fachinformationen zur Begleitung von Menschen mit Demenz.[56]

Die Demenz-Medienboxen für die Gruppenarbeit werden durch die Stadt-, Gemeinde- und Fahrbüchereien an die Senioreneinrichtungen und ehrenamtlich Tätigen weitergegeben. Sie werden acht Wochen ausgeliehen. Die Titelauswahl erfolgt in Absprache mit dem Kompetenzzentrum Demenz in Schleswig-Holstein und enthält u. a. deren Medienkoffer. Die Medienboxen bieten den Büchereien die Möglichkeit, Senioreneinrichtungen, in der Pflege Tätige und Ehrenamtliche dahingehend zu unterstützen, indem sie ihnen geeignete Medien für die Aktivierung älterer und von Demenz betroffener Menschen zur Verfügung stellen.[57]

Damit eine Vorlesestunde gelingt, müssen zum einen die geeigneten Texte ausgesucht werden. Die Vorlesetexte sind heiter oder besinnlich, handeln von der Liebe, dem Alter oder dem Glück. Knüpfen an Erinnerungen und Erlebnisse in der Jugend an. Zum anderen müssen Vorleser bestimmte Voraussetzungen erfüllen und den Ablauf einer Vorlesestunde planen.

8.2.1.1 Überlegungen der Vorleser

Diejenigen, die sich entschließen, älteren Menschen vorzulesen, sollten sich im Vorfeld folgende Gedanken machen:

– Welche Besonderheiten des Leseverhaltens im Alter gibt es?

54 Lesefreude erhalten – Zielgruppenorientierte Bibliotheksarbeit für Menschen mit Demenz. http://www.haw-hamburg.de/uploads/media/ProjektberichtLesefreude_2013_02_14.pdf.

55 A.a.O.

56 http://www.bz-sh.de/index.php?option=com_content&view=article&id=257:medien-fuer-die-begleitung-von-menschen-mit-demenz&catid=54:dienstleistungen&Itemid=296.

57 Brand, Susanne/Simons, Oke: Demenz als Thema für Bibliotheken http://www.opus-bayern.de/bib-info/volltexte/2013/1362/pdf/Endfassung_Demenzprojekt_Kongress_3.pdf.

- Welche Bedeutung haben das Vorlesen und Erzählen für alte Menschen?
- Was ist wichtig beim Vorlesen/Erzählen?
- Welche Techniken gibt es?
- Wie komme ich vom Vorlesen zum freien Erzählen?
- Welche Texte wähle ich für wen aus?
- Wie gestalte ich eine Vorleseeinheit?

Voraussetzungen für Vorleser:[58]
- Eigene Lesefreudigkeit und gute Allgemeinbildung
- Genaue Textkenntnisse
- Kenntnisse zur Zeitgeschichte (um ggf. tendenziösen Äußerungen im Gespräch über Literatur zu begegnen)
- Kommunikative Flexibilität und Gesprächsbereitschaft
- Wertschätzender Umgang mit älteren Menschen
- Authentizität
- Theoretische Kenntnisse zum Vorgang des Sprechens

8.2.1.2 Ablauf einer Vorlesestunde

Nach einer Begrüßung stellt sich die Vorleserin vor und bittet die Anwesenden um eine kurze Vorstellung ihrer Person. Erfahrungsgemäß bestehen in Gruppen immer Schwierigkeiten anzufangen. Mit einfachen Spielen kann dies umgangen werden. Zum Beispiel wirft die Vorleserin einer der Beteiligten einen kleinen Ball zu und fragt nach Namen, Geburtsdatum und Lieblingsbuch oder -autor.

Im Anschluss daran wird der Vorlesetext und der Autor kurz vorgestellt. Es können Fragen an die Anwesenden gerichtet werden, um gleich zu Beginn ins Gespräch zu kommen.

Tipp:
Geeignete Texte:
Geschichten aus der Zeit der Kindheit/junges Erwachsenenalter
Authentische Geschichten (Alltagssituationen)
Kurze Geschichten (nicht belehrend)
Klare, lebendige Sprache (keine Schachtelsätze, kaum Fremdwörter)

Sehr wichtig ist auch die Vorlesetechnik:
- Langsam vorlesen
- Deutlich und laut sprechen, dabei natürlich bleiben
- Nicht am Text kleben, in die Runde schauen, damit sich jeder angesprochen fühlt
- Die Sätze gestalten, indem Atmung, Lautstärke und Sprachmelodie gezielt eingesetzt werden
- Natürlichen Rhythmus der Sprache beachten und kurze Pausen einfügen, damit der Text Kontur erhält
- Besonders ansprechende Passagen können wiederholt werden
- Gedichte, Zitate, Sprichwörter zweimal lesen
- Zeit geben, um den Zuhörern Gelegenheit zum Kommentieren zu geben
- Längere Vorleseeinheiten nach 15 Minuten unterbrechen
- Pausen zum Gespräch nutzen

Ist die Vorlesestunde beendet, den Anwesenden für ihr Engagement danken und den nächsten Termin, evtl. auch das Thema ankündigen.

Bevor Vorlesestunden im Heim oder in der Bibliothek angeboten werden, müssen organisatorische Fragen und inhaltliche Aspekte geklärt und überlegt werden.

Bei der Organisation ist Folgendes zu beachten:

a. In welchem Wochenrhythmus soll die Veranstaltung stattfinden (14-täglich, nur zu besonderen Festtagen wie Ostern, Weihnachten, Advent, zum Jahreszeitenwechsel)?

58 Vorlesen von und für Senioren in: BiblioTheke, S. 12 ff., 2008.

b. Welcher Wochentag und zu welcher Uhrzeit (vormittags, nachmittags)?
c. Wie umfangreich ist die Vorlesestunde (30 Minuten, 45 oder 60 Minuten)?
d. Wer liest vor (Ehrenamtliche oder Bibliothekspersonal)?
e. Sind Vorleser geschult, wenn nein, wer führt Schulungen durch?
f. Wer ist der Ansprechpartner in der jeweiligen Senioreneinrichtung und in der jeweiligen Bibliothek?

Das Vorlesen in Senioreneinrichtungen und Seniorentreffs unterscheidet sich vom Vorlesen für Kinder. Termin und Häufigkeit der Vorlesestunden müssen mit der Einrichtung abgesprochen werden. Vorlesebücher stellt die Bibliothek. Die Vorleserinnen müssen in der Vorlesetechnik geschult werden.

8.3 Mobiler Bücherdienst

Wie mobile Bücherdienste von einzelnen Bibliotheken organisiert werden, wird beispielhaft aufgezeigt.

Stadtbibliothek Aschaffenburg

Der „Bringdienst" wird in Zusammenarbeit mit der Ehrenamtsagentur WABE durchgeführt. Die Agentur rekrutiert die ehrenamtlichen Helfer, sogenannte Bücherboten. Diese werden Seniorenheime und -wohnungsanlagen aufsuchen und interessierten Bewohnern Medien aller Art in Form eines Auswahlangebotes mitbringen bzw. Wünsche entgegennehmen und beim nächsten Besucher erfüllen.

Der „Bringdienst" wird zunächst in Form eines Pilotprojektes mit einer ausgesuchten Einrichtung durchgeführt, die bereits ihr Interesse bekundet hat.

Als Hilfsmittel für den Transport erhalten die Bücherboten Trolleys möglichst mit Aufdruck, um auch hier bereits Werbung für den Dienst zu machen. Die Trolleys sollen über Fördermittel der Landesfachstelle angeschafft werden. Langfristig ist hier angedacht, den Bringdienst mit Vorlesern zu kombinieren. Um die Freiwilligen auf ihre Vorlesetätigkeit vorzubereiten, wird ein Mitarbeiter der Stadtbibliothek die Fortbildung der Stiftung Lesen „Vorlesen für Senioren" besuchen.[59]

StB Dortmund

Die Stadtbibliothek Dortmund wirbt auf ihrer Homepage unter dem Punkt Senioren & Bibliothek für ihren mobilen Bibliotheksdienst. Organisiert wird das Angebot über den Bundesfreiwilligendienst. Dieser bringt nach Absprache die Medien ins Haus und holt sich auch wieder ab. Der mobile Bibliotheksdienst ist ein vom Bundesfreiwilligendienst betriebene Sonderabteilung.[60]

Stadtbücherei Alfter

Die Öffentliche Bücherei St. Matthäus in Alfter, einer Stadt mit 22.820 Einwohnern westlich von Bonn gelegen, hat 2011 ein regionales Modellprojekt gestartet. Das Projekt „Mehr

---

59 Petra Bulach-Reuter, Leiterin der Stadtbibliothek Aschaffenburg
60 http://www.dortmund.de/de/leben_in_dortmund/bildungwissenschaft/bibliothek/bibliotheken-sammlungen/mobilerbibliotheksdienst/index.html.

als Literatur für die Generation 60plus" stellt das dritte Standbein neben der Kinder- und Erwachsenenbücherei dar und wendet sich an die BürgerInnen der Gemeinde Alfter mit dem Erreichen des Ruhestandes oder ab 60plus. Im Rahmen dieses Seniorenprojektes bietet die Bücherei einen „Mobilen Bücherkoffer" an. Dieser kostenlose Service richtet sich an Bürger und Bürgerinnen aus Alfter, die aus gesundheitlichen oder familiären Gründen (z. B. bei Pflege von Angehörigen, mangelnder Mobilität) die Bücherei nicht mehr aufsuchen können. Das Abenteuer im Kopf kann beginnen: Vorgesehen ist, dass der „Mobile Bücherkoffer" einmal im Monat Bücher und andere Medien ins Haus bringt und wieder abholt. Sollte die Ausleihe länger dauern – kein Problem, dann schaut die Mitarbeiterin nach Absprache vorbei. Speziell geschulte „Ehrenamtliche Bücherei-Senioren" werden die jeweiligen Bibliothekskunden zu Hause aufsuchen und ihnen eine Auswahl an Medien (Büchern, Zeitschriften, Hörbüchern, Spielen) zur Ausleihe anbieten, die zuvor in Absprache mit den Bibliothekskunden zusammengestellt wurden.[61]

Stadtbibliothek Villingen-Schwenningen

Der kostenlose Bring-Service richtet sich an Menschen aus Villingen-Schwenningen, die körperlich behindert sind und die Bibliothek nicht mehr oder nur mit Mühe selbst aufsuchen können. In der Regel sind dies ältere Menschen, es wurden jedoch auch schon einzelne Nutzer im Alter von 45-55 Jahren beliefert.

Die Anfragen von Interessierten werden aufgenommen und deren Medienwünsche notiert. Einmal im Monat werden die Medienkisten zusammengestellt. Alle Nutzerinnen und Nutzer haben Vorlieben und konkrete Wünsche, die beachtet werden müssen. Der momentan einzige männliche Teilnehmer lässt sich in der Regel bestimmte Titel per Fernleihe schicken.

Mit dem Service „Bücher auf Rädern" beschäftigt sich in der Stadtbibliothek Villingen-Schwenningen ein Diplom-Bibliothekar. Der Arbeitsaufwand für die Medienausleihe als solche beträgt etwa zwei Stunden pro Woche und beinhaltet neben der Auswahl auch Telefongespräche über Medienwünsche und Terminverschiebungen.

Einmal im Jahr werden umfangreiche Werbemaßnahmen durchgeführt. Die Erstellung und Verteilung der Werbematerialien und das Verfassen von Presseartikeln erfordert zusätzliche Zeit. Hier arbeiten daher mehrere Kolleginnen und Kollegen aus dem Team mit.

Die Kontaktaufnahme zur Stadtbibliothek oder zu potentiellen Teilnehmern erfolgt über verschiedene Wege:

a) Durch Presseartikel erfahren die potentiellen Kunden von diesem Angebot und rufen bei der Stadtbibliothek an. Sie werden dann zum Ansprechpartner durchgestellt oder hinterlassen ihre Telefonnummer.
b) Sie besuchen die Bibliothek und erfahren so von dem Angebot.
c) Die Interessierten erhalten die Broschüren oder Auslagen der Bibliothek durch Dritte.

Das Deutsche Rote Kreuz fährt die Bücherkisten einmal pro Monat aus und nimmt dabei die zu Ende gelesenen/gehörten Medien wieder mit. Für jeden der zwei Stadtbezirke ist der zuständige DRK-Ortsverein zuständig, (Ortsverein Villingen und Ortsverein Schwenningen). Der Fahrdienst erfolgt unentgeltlich.

Jährlich im Dezember erhalten beide Ortsvereine und alle Benutzer, die im letzten Jahr wenigstens einmal am Service teilgenommen haben, ein Anschreiben mit den

61 http://www.buecherei-alfter.de/lesefoerd.htm.

Lieferterminen für das kommende Jahr. Die Uhrzeiten werden den Teilnehmern bei der allerersten Zustellung telefonisch mitgeteilt. In der Regel bleiben die Uhrzeiten und Abholtage auch das ganze Jahr über gleich.

Im Jahr 2011 wurden mit 'Bücher auf Rädern' 11 Personen mit 636 Medien beliefert. Erfreulicher Weise sind durch diesen Service mehrere langjährige und dauerhafte Kundenbeziehungen entstanden."[62]

8.4 Mobiler Büchertisch

Der mobile Büchertisch ist ein Projekt der Stadtbibliothek Straubing, das analog des Mobile Service in Las Vegas seit September 2005 in einer Senioreneinrichtung in einen zweiwöchentlichen Rhythmus angeboten wird. Die Bücherkisten werden mit den verschiedensten Medien in der Bibliothek gepackt. Die Anlieferung und Abholung der Medienkisten wird von einem Amtsboten der Stadt geleistet. Der Büchertisch steht für die Bewohner nachmittags ca. 45 Minuten zur Verfügung. Zu jedem Termin erscheinen 7 – 9 Besucher, die einen Bibliotheksausweis besitzen. Die Ausleihe erfolgt mittels Aufschreiben der Mediennummer. Am nächsten Tag werden die Ausleihen von einer Bibliotheksmitarbeiterin in das System eingegeben.

Abb. 18: Mobiler Büchertisch in einer Senioreneinrichtung in Straubing

8.5 Medienkisten für Senioreneinrichtungen

Einige Bibliotheken stellen für Senioreneinrichtungen Medienkisten zusammen. Die Vorgehensweise bezüglich Ausleihe und Inhalte wird anhand mehrerer Beispiele erläutert.

62 Schindler, Stefan StB Villingen-Schwennigen – Bericht per E-Mail.

Stadtbibliothek Straubing

Für Senioreneinrichtungen der Stadt und des Landkreises werden Medienkisten von der Stadtbibliothek Straubing zusammengestellt. Die Kisten beinhalten Medien aus dem Sachbuchbereich, aber auch Belletristik, DVD und Hörbücher. Auf Wunsch der Einrichtungen werden die Kisten entweder seitens der Bibliothek oder von einer Betreuerin zusammengestellt. Voraussetzung für die Ausleihe ist ein gültiger Bibliotheks ausweis, der auf den Namen des Heimes und der verantwortlichen Person ausgestellt wird. Die Ausleihe ist kostenlos, es fallen keine Mahn- und Säumnisgebühren an. Die Ausleihfrist beträgt mindestens vier Wochen, kann aber auf Wunsch kostenlos verlängert bzw. sofort auf einen längeren Zeitraum eingestellt werden.

StB Villingen-Schwenningen

Das Angebot der Medienkisten richtet sich an Personen, die mit Senioren arbeiten. Es werden Medien zu einem gewünschten Thema vom Fachpersonal individuell zusammengestellt. Die fertige Kiste kann in der Stadtbibliothek ausgeliehen werden.

Seit 2011 nutzen bislang zwei Senioreninstitutionen – in größeren Abständen – das Medienkistenangebot. Es besteht parallel dazu auch Nachfrage nach Themen, zu denen keine kompletten Medienkisten, sondern einzelne Titel ausgeliehen werden. Die Medien werden jeweils durch eine Betreuungskraft angefordert, wobei die Inhalte zum einen vom Personal, zum anderen von den Heimbewohnern (bzw. sowohl als auch) genutzt werden.[63]

Stadtbibliothek Offenbach

Im Rahmen des Projekts des Sozialdezernates „Weiterentwicklung der Seniorentreffs der Stadt Offenbach" sollen die Seniorentreffs als Begegnungsorte noch attraktiver gestaltet werden. Daher wurde Ende 2011 beschlossen, in Kooperation mit der Stadtbibliothek Medienkisten zusammenzustellen. Zunächst wurden zwei Kisten zu ausgewählten Themen mit je 42 aktuellen Buchtiteln, Zeitschriften, Hörbüchern und DVDs bestückt. Die Medien sind nicht aus dem vorhandenen Bestand, sondern wurden extra für dieses Projekt gekauft. In Absprache mit der kommunalen Altenplanerin sind die Medienkisten in erster Linie mit Titeln aus den Gebieten Weiterbildung, Fitness und Lebensgestaltung ausgestattet. Vereinzelt ist auch Belletristik vorhanden. Für die Titelauswahl liegt die Erkenntnis zugrunde, dass körperliche und geistige Aktivität der zentrale Faktor für eine zufriedenstellende Lebensqualität im Alter ist.

Für drei Monate steht jeweils eine Medienkiste in einem der städtischen Seniorentreffs. Dort kann jeder bei einer Tasse Kaffee in der Medienkiste stöbern und, wenn gewünscht, kostenlos ausleihen. Ein Bibliotheksausweis ist nicht erforderlich. Die Betreuerin des Seniorentreffs notiert Name und Adresse des Ausleihenden. Die Ausleihhürden wurden bewusst niedrig gehalten. Die Bibliotheksleiterin Gudrun Kulzer sagte bei der Übergabe der ersten Kiste: „Wir wollen Bücher zu Menschen bringen, die aus welchen Gründen auch immer nicht zu uns in die Bibliothek kommen können."

Weitere Medienkisten sind in Planung und sollen im Rahmen eines Rotationssystems durch die Seniorentreffs gereicht werden.

63 A.a.O.

9 Etablierung des Ehrenamtes

Gerade bei den generationenübergreifenden Angeboten und denen der aufsuchenden Bibliotheksarbeit kann sich die Bibliothek von Älteren unterstützen lassen, indem sie in der Bibliothek ehrenamtliches Engagement einführt.

Wie wir wissen, hat Bürgerschaftliches Engagement Konjunktur. Viele Bereiche in unserer Gesellschaft würden ohne den Einsatz ehrenamtlich Tätiger nicht oder nur schlecht funktionieren. Der Freiwilligensurvey 2009 hat ergeben, dass es eine „besonders deutliche Steigerung des freiwilligen Engagements bei älteren Menschen gibt. Im Alter von über 65 Jahren stieg die Quote von 23 % (1999) auf 28 % (2009).“[64]

Der Bürgerreport 2013 des Bundesministeriums für Bildung und Forschung hat Ehrenamt folgendermaßen definiert:[65]
- Ehrenamt ist eine unentgeltliche gesellschaftliche Tätigkeit.
- Ehrenamt ist die Bereitschaft der Bürgerinnen und Bürger, etwas für die Gesellschaft zu tun.
- Ehrenamt bietet die Möglichkeit der gesellschaftlichen Teilhabe.
- Das Ehrenamt ist freiwillig.
- Vom Ehrenamt profitieren Gebende und Nehmende.
- Das ehrenamtliche Engagement bietet einen Mehrwert und Innovationen für die Gesellschaft.
- Ehrenamt darf keine Arbeitsplätze ersetzen.
- Ehrenamt darf nicht bei klammer Haushaltslage als Ersatz für öffentliche Leistungen und Arbeitsplätze dienen.

Was bedeutet Ehrenamt für die Bibliotheken? Können öffentliche Bibliotheken vom Einsatz ehrenamtlicher Kräfte profitieren oder sind Ehrenamtliche eher hinderlich für den Betriebsablauf? Ihr Einsatz wird in Bibliotheken entweder als Bereicherung oder als Belastung gesehen: Sie gelten einerseits als „unqualifiziert“, „unprofessionell“, „Arbeitsplatzvernichter“, andererseits bringen sie ihre Berufs- und Lebenserfahrung mit, haben Zeit, können durch Fortbildungsangebote zusätzliche Professionalität erwerben und erweisen sich als engagierte Menschen auf der Suche nach sinnvoller Tätigkeit.

Die Befürchtung bibliothekarischer Fachkräfte, dass sie durch den Einsatz Freiwilliger ersetzt werden und somit ihre Fachkompetenz in Frage gestellt wird, ist verständlich, aber unnötig, wenn die Arbeitsverteilung klar definiert ist. Bibliothekarische Kernaufgaben wie Lektorat, Informationsvermittlung und Management müssen weiterhin von Fachkräften ausgeübt werden. Ist der Einsatz von Freiwilligen klar abgesprochen und werden sie entsprechend ihren Fähigkeiten eingesetzt, sind sie eine Bereicherung für jede Bibliothek.

Tipp:
Die Bibliothek legt die Aufgaben für Ehrenamtliche fest!
Wertschätzung der Ehrenamtlichkeit!
Fortbildung für Ehrenamtliche ist Voraussetzung!

Unter Berücksichtigung der nachfolgenden Punkte lässt sich ehrenamtlicher Einsatz festlegen:
a) Klare Definitionen der Ressourcen, Standards und Handlungsfelder im Bibliotheksalltag.
b) Qualifizierte und quantitativ angemessene Begleitung durch hauptamtlich Beschäftigte.
c) Kontinuierliche Schulungen und Fortbildungen.
d) Verbindlichkeit durch Rechtssicherheit.
e) Angemessene und spürbare Wertschätzung und Anerkennung.[66]

Als Beispiel für eine gelungene Kooperation zwischen Bibliothek und Ehrenamtlichen sind die Bücherhallen Hamburg genannt.

---

64 Hauptbericht des Freiwilligen Survey 2009.
65 Bundesministerium für Bildung und Forschung Bürgerreport.
66 Bibliotheken und bürgerschaftliches Engagement: Eine Standortbestimmung hrsg. DBV u.a.

Mit jedem/jeder der 460 Ehrenamtlichen wird eine „Vereinbarung“ abgeschlossen, die die gegenseitigen Rechte und Pflichten dezidiert regelt. Diese Vereinbarung, die allgemein als Wertschätzung empfunden wird, enthält neben den persönlichen Daten inklusive Personalausweisnummer folgende Angaben:

a) Der Ausweis muss einmal vorgelegt werden:
b) Der Einsatz als ehrenamtliche/r Mitarbeiter/-in im Projekt XY erfolgt freiwillig und unentgeltlich.
c) Bei dieser Tätigkeit handelt es sich nicht um ein Arbeitsverhältnis – es wird dadurch auch nicht begründet.
d) Der Aufgabenbereich des/der ehrenamtlichen Mitarbeiters/in umfasst folgende Tätigkeit:
e) Nennung der Tätigkeit
f) Die Bücherhallen Hamburg und der/die ehrenamtliche Mitarbeiter/in vereinbaren eine Schnupperzeit von drei Monaten, die mit einem Reflexionsgespräch mit der Projektleitung abschließt.

Die Bücherhallen Hamburg gewährleisten:

a) die systematische Einarbeitung in den Aufgabenbereich;
b) die fachliche Begleitung und Beratung durch die Projektleitung;
c) die kostenlose Teilnahme an Fortbildungen mit Themen im Aufgabenbereich des Ehrenamts;
d) regelmäßige Möglichkeiten zum Erfahrungsaustausch;
e) eine Unfallversicherung (nur für den direkten Weg zum Einsatzort und zurück);
f) eine Haftpflichtversicherung für die vereinbarte ehrenamtliche Tätigkeit am Einsatzort (bitte beachten: Der Versicherungsschutz deckt nur die oben beschriebene Aufgabe ab. Weitergehende Dienstleistungen (z.B. Sozialberatung, Abholung von zu Hause, Begleitung zu Behörden, Ausfüllen von Formularen) werden nicht durch die Bücherhallen-Versicherung gedeckt. Wer sich in dieser Form zusätzlich engagiert, handelt als Privatperson.);
g) die Erstattung von Fahrtkosten für Einzelfahrten mit öffentlichen Verkehrsmitteln nach Vorlage der Belege sowie
h) eine kostenlose Kundenkarte der Bücherhallen Hamburg bei Fortführung des Ehrenamts nach der Schnupperzeit (gesonderten Antrag ausfüllen).

Der/die ehrenamtliche/r Mitarbeiter/in sichert zu:

a) die positive Repräsentanz der Bücherhallen nach außen;
b) im Falle der Verhinderung die zeitnahe Information des Projektteams;
c) eine regelmäßige Teilnahme an Fortbildungen und Erfahrungsaustausch;
d) Stillschweigen zu bewahren über Geschäfts- und Betriebsgeheimnisse sowie über weitere vertrauliche Informationen (z. B. personenbezogene Daten der Kunden oder anderer Ehrenamtlicher), auch nach Beendigung des Engagements;
e) die betriebliche Ordnung und die Hausordnung zu beachten;
f) Medien (Print, Hörfunk, TV) nur nach Absprache mit der Projektleitung bzw. Geschäftsführung Auskunft über „Dialog in Deutsch“ zu erteilen bzw. Interviews zu geben sowie
g) nicht nach der Technologie von L. Ron Hubbard (Scientology) zu arbeiten.[67]

67 Keite, Uta: Bürgerengagement bei den Bücherhallen Hamburg. Vortrag am 18.02.2013 in Berlin.

9.1 Gewinnung von Ehrenamtlichen

Stadtbibliothek Musterstadt

Musterstr. 1

PLZ Musterstadt

Die Bibliothek sucht ehrenamtliche Unterstützung!
Möchten Sie Kontakt zu Gleichgesinnten? Wollen Sie sich kulturell einbringen? Dann ist die Stadtbibliothek der richtige Ort. Gemeinsam mit dem [Freiwilligenzentrum] wollen wir die Stadtbibliothek zum kulturellen Treffpunkt für Ältere entwickeln. Wenn Sie Interesse haben, bitten wir Sie den Fragebogen bis zum [Datum] an der Informationstheke abzugeben.
Innerhalb von [14 Tagen] laden wir Sie zu einem Gesprächstermin ein.

1. Angaben zur Person:

Name, Vorname:

Straße:

PLZ, Ort:

Telefonnummer:

Email:

Geburtsjahr:

2. Wie viel Zeit können Sie einbringen?

☐ vormittags	☐ nachmittags	☐ abends
☐ 1 Stunde	☐ 2 Stunden	☐ 3 Stunden
☐ 1–3 mal/Monat	☐ 1–3 mal/Halbjahr	☐ Nach Absprache

3. Bei welchen Projekten können Sie Ihre Interessen und Kompetenzen einbringen?

☐ Vorlesestunde in der Bibliothek	☐ Betreuung von Ausstellungen
☐ Vorlesestunde im Kindergarten	☐ Betreuung von Lesungen
☐ Vorlesestunde in der Schule	☐ Organisation Bücherflohmarkt
☐ Bilderbuchkino	☐ Sonstiges:
☐ Lesepatenschaft	

Damit ein reibungsloser Ablauf gewährleistet ist, bietet die Bibliothek regelmäßige Treffen sowie zu jedem Projekt/Angebot eine Einführung an.
Bei Fragen wenden Sie sich bitte an [Frau Jutta Musterfrau, Tel., E-Mail]

9.2 Ehrenamt in Bibliotheken

Anhand von drei Beispielen wird die gelungene Zusammenarbeit zwischen Bibliothek und Ehrenamtlichen beschrieben.

Stadtbibliothek Straubing

Forum 55+

Bevor die Stadtbibliothek Straubing den Einsatz von Ehrenamtlichen anvisierte, stellte sich das Bibliotheksteam die Frage, inwieweit die Bibliothek vom Einsatz ehrenamtlicher Kräfte profitieren würde oder ob diese eher hinderlich für den Betriebsablauf sind.

Die Stadtbibliothek Straubing hat 2003 das Forums 55+ gegründet. Der Grundsatz für das Forum lautet „Kreis von kulturell interessierten und engagierten Älteren, die sich aktiv in das kulturelle Leben der Stadtbibliothek einbringen wollen“. Als Kooperationspartner konnte das Freiwilligen Zentrum e. V. in Straubing gewonnen werden. Die damalige Leiterin des Freiwilligen Zentrums war von diesem Projekt überzeugt, da ihrer Ansicht nach Freiwilligenarbeit im Kulturbereich besonders gefragt ist und es nur wenige Angebote gibt.

Die örtliche Tageszeitung schrieb einen ausführlichen Bericht („Aktive Senioren gesucht: Vielfältiges Kulturprogramm soll Leselust fördern“) über das geplante Projekt der Stadtbibliothek. Ergänzend zu diesem Bericht wurde ein Fragebogen seitens der Bibliothek entwickelt, der in den Bibliotheksräumen, dem Freiwilligenzentrum und dem Bürgerbüro der Stadt auslag. Neben den üblichen Angaben zur Person, den Interessen und gewünschten Angeboten wurde die jeweils zur Verfügung stehende Zeit der Seniorinnen und Senioren abgefragt.

Innerhalb von vier Wochen gingen 30 Anmeldungen für das Projekt ein, teils mit persönlicher Vorstellung in der Bibliothek. Zudem gab es viele Anfragen nach Hintergrundinformationen. Die Auswertung der Fragebögen ergab Schwerpunkte bei den Interessengebieten und den Zeitpotenzialen der Seniorinnen und Senioren. Manche waren durchaus bereit, sich regelmäßig 2 bis 3 Stunden pro Woche für die Bibliothek einzusetzen.

Auf großes Interesse stießen die Vorlesestunden für Kinder. Gut informiert durch die Presse, die regelmäßig seit der PISA-Studie über die mangelnde Lesefähigkeit der Kinder und Jugendlichen berichtet, fühlen sich viele Seniorinnen geradezu verpflichtet, hier tätig zu werden.

Einmalige Aktionen wie die Betreuung des Flohmarktes, der jährlichen Kinder- und Jugendbuchausstellung, Mithilfe bei Lesungen und Bibliotheksfesten fanden Zuspruch bei denjenigen, die weniger Zeit investieren konnten.

Inzwischen hat sich ein fester Kreis von derzeit 35 Frauen und Männern im Alter von Ende 40 bis Anfang 80 gebildet. Jedes Jahr stellen die Ehrenamtlichen der Bibliothek ca. 550 Stunden zur Verfügung.

Abb. 19: Treffen der Ehrenamtlichen der Stadtbibliothek Straubing

Die Ehrenamtlichen werden seitens der Bibliothek sehr geschätzt, können kostenlos Weiterbildungsangebote sowie Vorträge der Bibliothek besuchen und erhalten einen kostenlosen Bibliotheksausweis. In den ersten Jahren erhielten sie Rundbriefe, um immer über die Arbeit der Bibliothek und ihren gewünschten Einsatz informiert zu sein. Es finden regelmäßige Treffen statt, um sich auszutauschen, Wünsche, Anregungen vorzubringen und sich für entsprechende Aktionen zu melden. Das Weihnachtstreffen dient jedes Jahr dazu, sich bei den Ehrenamtlichen zu bedanken. Außerdem wird ein Jahresrückblick erstellt und den Ehrenamtlichen vorgetragen. Ausführlicher und sichtbarer kann die Arbeit von Ehrenamtlichen über einen gedruckten und veröffentlichten Jahresbericht geschehen, wie es ihn bis 2008 in der Stadtbibliothek Straubing gab.

Um zu sehen, wie die Arbeit der Ehrenamtlichen angenommen wird, wie diese ihre Arbeit sehen, welche Verbesserungen evtl. getätigt werden sollten, sollte in Abständen von zwei Jahren eine Evaluation durchgeführt werden. 2006 hat die Stadtbibliothek Straubing erstmals folgenden Fragebogen an ihre Freiwilligen verschickt.

Stadtbibliothek Musterstadt
Musterstr. 1
PLZ Musterstadt

Fragebogen

1. Angaben zur Person:

Name: Vorname: Geburtsjahr:

PLZ: Ort: Straße/Hs.Nr.:

E-Mail-Adresse: Telefonnr.

2. Ich habe Interesse an den Treffen in der Stadtbibliothek und kann teilnehmen: (Mehrfachnennungen sind möglich)

☐ Ostertreffen ☐ Herbsttreffen ☐ Weihnachtstreffen

3. Ich bin ehrenamtlich tätig, und zwar in folgenden Einsatzorten: (Mehrfachnennungen sind möglich)

☐ Vorlesen im Seniorenheim
☐ Vorlesen im Kindergarten
☐ Betreuung des „Mobilen Büchertisches im Königshof"
☐ Vorlesen im Förderzentrum (1./2. Klasse für 4–5 Kinder)
☐ Mithilfe bei Veranstaltungen (Verkauf von Getränken, Eintrittskarten)
☐ Vorführen von Bilderbuchkino (ab Frühjahr 2007)
☐ Betreuung des Bücher-Flohmarktes
☐ Backen für verschiedene Veranstaltungen
☐ Sonstiges

4. Ich bin nicht mehr ehrenamtlich tätig und möchte auch nicht mehr angeschrieben werden.

☐ Ja ☐ Nein

5. Die Zusammenarbeit mit der Stadtbibliothek gefällt mir

☐ Sehr gut ☐ gut ☐ zufriedenstellend ☐ Weniger gut

6. Welche Möglichkeiten einer besseren Unterstützung und Zusammenarbeit durch die Stadtbibliothek können Sie sich vorstellen:

7. Ich würde gern an einer Fortbildung für Ehrenamtliche teilnehmen:

☐ Ja ☐ Nein

Wenn ja, dies wären meine bevorzugten Themen:

8. Ich würde gerne als Referent/in in einer Fortbildung für Ehrenamtliche tätig sein

☐ Ja ☐ Nein

Wenn ja, für dieses Thema/diese Themen stehe ich zur Verfügung:

Das Ergebnis stellte sich folgendermaßen dar:
Von 45 verschickten Fragebögen wurden 35 ausgefüllt und zurückgeschickt. Zusammengefasst werden hier nur einige wichtige Ergebnisse: Die Zusammenarbeit von Ehrenamtlichen und Bibliothek ist sehr gut bis gut. Interessant war, dass durchschnittlich jeder/jede Ehrenamtliche zwei Arbeitsbereiche ausfüllt (z.B. Vorlesen + Betreuung des Flohmarktes). Außerdem waren 14 Personen an einer Fortbildung interessiert.

Als Themen wurden genannt:
a) EDV-Themen (Internet, Ebay)
b) Gesprächsführung – Konfliktlösung
c) Stressbewältigung
d) Vorlesen für Kinder
e) Vorlesen für Ältere

Stadtbibliothek Rheine[68]

Bereits nach dem Umzug der Stadtbibliothek im Oktober 2007 in neue Räume stand fest, dass regelmäßig Vorlesestunden für Kinder stattfinden sollen. Der Kinderbereich, der im Frühjahr 2008 fertig gestellt wurde, wurde als Lesehöhle mit Lesehimmel ausgebaut. Außerdem war von Anfang an klar, dass dieses Angebot nicht von den Beschäftigten der Bibliothek durchgeführt werden kann.

Bereits 2005 waren interessierte Bürgerinnen und Bürger im Rahmen eines Leseförderungsprojektes im Vorlesen geschult worden. Auf diese Vorarbeit wurde aufgebaut und ein Sponsor gefunden, der sich bereit erklärte, die Idee der Stadtbibliothek für mindestens drei Jahre zu unterstützen.

Zusammen mit der Stabsstelle Bürgerengagement lud die Stadtbibliothek Interessierte zu einem Kennenlernabend ein. Der Einladung folgten 25 Personen, denen das Projekt vorgestellt wurde. Ebenso wurden die Erwartungen seitens der Bibliothek an die Freiwilligen genannt und auch welche Unterstützungen diese erwarten können. Nach der Einführungsveranstaltung konnten sich diejenigen, die ernsthaft an einer Mitarbeit interessiert waren, für eine Qualifizierungsmaßnahme eintragen. Es wurden 15 Personen aus den zahlreichen Anmeldungen für das Seminar ausgewählt.

Das Projekt wurde ein Erfolg. Mittlerweile sind 17 Personen regelmäßig in der Bibliothek tätig. Es gibt kaum Fluktuation. Die ein bis zwei Neuen, die jährlich dazukommen, nehmen grundsätzlich an einer Basisschulung teil.

Seit August 2008 gestalten die ehrenamtlichen Vorlesepatinnen und -paten wöchentlich jeden Mittwoch mindestens eine Vorlesestunde. Aber auch bei anderen Aktivitäten stehen sie der Bibliothek zur Verfügung und bereichern die Angebote. Z. B. lesen die Ehrenamtlichen an den Adventssamstagen zusätzlich vor, sie beteiligen sich an Ferienaktionen in der Bibliothek und haben szenische Lesungen entwickelt. Diese „Taschenlampengeschichten“ werden in der verdunkelten Bibliothek vorgetragen.

Das Engagement des Vorleseteams wurde im Jahr 2011 von der Ministerpräsidentin Kraft und der Ministerin Schäfer mit dem kulturellen Ehrenamtspreis „DER DANK“ – Ehrensache Kultur des Landes Nordrhein-Westfalen – in der Kategorie ERLEBEN ausgezeichnet. Der mit 2.000 € dotierte zweite Platz wurde für die „Taschenlampengeschichten“ vergeben.

---

68 Wigger, Elsbeth: Gelingende Zusammenarbeit von Ehrenamtlichen und Hauptamtlichen – Vorleseprojekt mit Ehrenamtlichen als Bereicherung des Bibliotheksangebotes in der Stadtbibliothek Rheine. Vortrag am 19.02.2013 in Berlin.

Das Projekt Vorlesepaten ist in der Stadtbibliothek Rheine eine Erfolgsstory. Seit 2012 haben die Freiwilligen 88 Veranstaltungen durchgeführt. Inzwischen kommen oft mehr als 50 Zuhörerinnen und Zuhörer zu den wöchentlichen Vorlesestunden. Mit diesem Zuspruch ist auch der Sponsor der ersten Stunde zufrieden und stellt weiterhin Geld für das Projekt zur Verfügung.

Bücherhallen Hamburg[69]

Ehrenamtliche Medienboten

Bereits mehrfach preisgekrönt wurde ein noch junges Projekt der Bücherhallen Hamburg: Ehrenamtliche Medienboten bringen seit März 2007 älteren, an das Haus gebundenen Personen, unabhängig davon, ob diese in den eigenen vier Wänden oder in einem Heim wohnen, Medien der Bücherhallen Hamburg kostenlos und regelmäßig in das private Umfeld. Auch institutionelle Kunden wie Seniorenwohnanlagen, Behinderteneinrichtungen oder Tagesstätten werden bedient, denn diese können komplette Medienkisten ausleihen oder einen Medienboten „buchen", der dort vor Gruppen regelmäßig vorliest.

69 Keite, Uta: Eine Bücherhalle auf zwei Beinen in: BuB S. 635 ff., 9/2009.

10 Blick in das benachbarte Ausland

10.1 Österreich

Die demographische Entwicklung in Österreich

Im Jahr 2011 betrug die Gesamtbevölkerung in Österreich 8,4 Millionen Einwohner.[70] In Zukunft wird die Bevölkerung weiter wachsen und zwar auf 9,52 Millionen im Jahr 2050. Parallel zum Wachstum verändert sich auch die Altersstruktur. Sie verschiebt sich deutlich hin zu den älteren Menschen. Sind derzeit 22 % der Bevölkerung im Alter von 60 und mehr Jahren, so werden es mittelfristig (2020) rund 26 % sein, langfristig (ca. ab 2030) sogar mehr als 30 %.[71]

Von folgenden drei Tendenzen wird die demographische Entwicklung stark geprägt.

a) **Steigende Lebenserwartung**
Die Lebenserwartung steigt im Durchschnitt um zwei Jahre pro Jahrzehnt. Derzeit liegt sie bei 77,7 Jahren bei Männern und 83,1 Jahren bei Frauen.

b) **Niedrige Fertilität**
Die „Fertilitätsrate" in Österreich liegt bei 1,44 Kindern pro Frau, was deutlich unter dem Reproduktionsniveau liegt.

c) **Zunehmende Migration**
Der Bevölkerungszuwachs in Österreich basiert hauptsächlich auf einem positiven Wanderungssaldo. Ohne Zuwanderung würde die österreichische Bevölkerung stagnieren bzw. mittel- bis langfristig schrumpfen.

Die demographische Entwicklung, die einen steigenden Anteil der älteren und einen sinkenden Anteil der jüngeren Generation beinhaltet, hat wesentliche Auswirkungen auf fast alle Bereiche des gesellschaftlichen Lebens.

70 http://de.statista.com/statistik/daten/studie/19292/umfrage/gesamtbevoelkerung-in-oesterreich/.

71 Österreichs Bevölkerung wächst und altert. http://www.statistik.at/web_de/presse/033887.

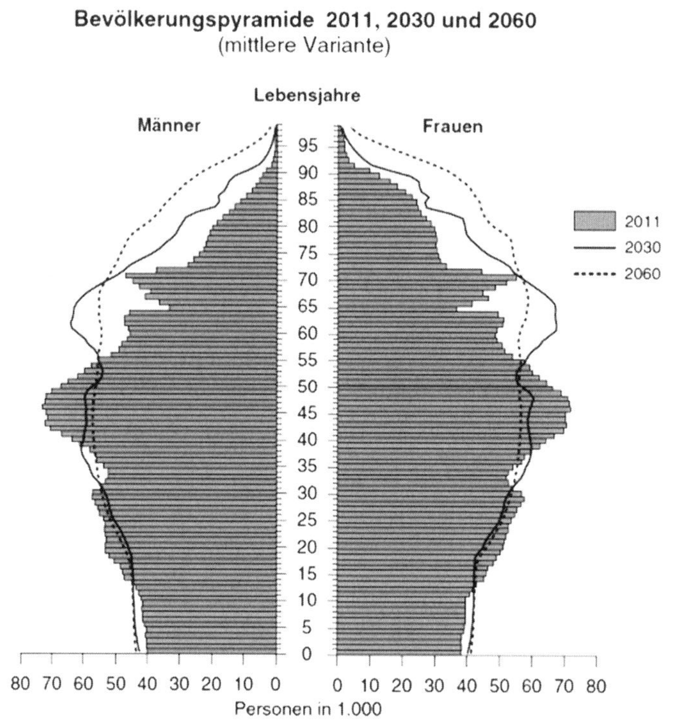

Q: STATISTIK AUSTRIA, Bevölkerungsprognose 2012. Erstellt am 14.09.2012.

Abb. 20: Bevölkerungspyramide Österreich [72]

Der Büchereiverband Österreichs (BVÖ) hat 2009 in einer landesweiten Studie[73], die durch das Bundesministerium für Unterricht, Kunst und Kultur unterstützt wurde, die sozial-integrativen Angebote in öffentlichen Bibliotheken und Sonderbibliotheken untersucht.

In dieser Studie wird auch das Angebot für Senioren ermittelt.
- 50 % von 373 befragten Bibliotheken verfügen über einen barrierefreien Zugang.
- Nebst diesem sollen in Zukunft jedoch auch Websites und Leitsysteme stärker barrierefrei gestaltet werden. Vorreiter dabei sind die Stadtbibliotheken Linz, Graz, Salzburg sowie Wien. Sie haben bereits ein taktiles Leitsystem in Brailleschrift bzw. Videos in Gebärdensprache auf der Homepage.
- 99 von 373 Bibliotheken organisieren Veranstaltungen/Aktionen für Senioren.
- 67 von 373 Bibliotheken kooperieren mit Seniorenzentren, 23 mit Gehörlosen-, Blinden- und Behindertenverbänden und
- 63 Bibliotheken arbeiten mit Volkshochschulen zusammen. Diese Zusammenarbeit sei wichtig, da sich dadurch das Angebot ausbauen lasse und wichtige Impulse kommen würden.

Die Studie fasst zusammen, dass Senioren vermehrt als eigene Zielgruppe unterschieden werden. Nebst den Veranstaltungen wurden in den vergangenen Jahren öfters Hörbücher und Großdruckbücher offeriert.“ [74]

---

72 https://www.statistik.at/web_de/statistiken/bevoelkerung/demographische_prognosen/index.html.

73 Büchereiverband Österreich BVÖ: http://www.bvoe.at/mediafiles/22/Doku-Studie-kern_XberarbeitungenBMUKKl.pdf.

74 Trachsler, Regula: Angebote für Senioren in Deutschschweizer Bibliotheken, 2011 S. 44.

Das Österreichische Bibliothekswerk hat im Jahr 2005 das landesweite Projekt „Lebensspuren" gestartet.

Diese Initiative beruht auf drei Säulen:
a. Begegnung der Generationen
b. Begegnung der Kulturen und
c. Buchstart

Damit rücken die Bibliotheken verstärkt in den Mittelpunkt der integrativen Kulturarbeit.

Ziel des Projekts „LebensSpuren" ist es, die Bibliotheken als Orte der Information, des Lernens und der Unterhaltung in den Mittelpunkt einer neuen Kultur der Begegnung zu stellen. Gemeinsam mit vielen Bibliotheken und Partnerorganisationen machen wir uns auf den Weg, um Formen des voneinander und miteinander Lernens zu entwickeln.

Die tiefgreifenden Veränderungen in der Altersstruktur sind dabei, unsere Gesellschaft nachhaltig zu verändern. Bis zum Jahr 2050 wird ein Drittel der ÖsterreicherInnen über 60 Jahre alt sein.

Dass dies massive Auswirkungen auf unser Gesundheits- und Pensionssystem hat, wird schon länger diskutiert. Aber auch im Bereich der Bildung und in den Formen des Zusammenlebens der Generationen gehen wir auf starke Veränderungen zu, die wir mit dem Projekt „LebensSpuren" positiv aufgreifen und mitgestalten wollen. Für Kultureinrichtungen im Allgemeinen und Öffentliche Bibliotheken im Besonderen liegt in der Begleitung und Bewältigung dieser Veränderungen eine große Herausforderung, zugleich aber auch eine große Chance.

In diesem Prozess der Gesellschaftsveränderung können Öffentliche Bibliotheken eine wichtige Rolle übernehmen: Als Orte der Information, der Bildung und Begegnung zwischen den Generationen können sie wesentlich dazu beitragen, dass das sich verändernde Zusammenleben zwischen den Generationen gelingt.[75]

Dem Alter mehr Raum geben ist ein langfristiges Ziel des Projektes. Da öffentliche Bibliotheken Begegnungsräume für alle Menschen jeglichen Alters sind, sind sie gleichzeitig die geeigneten Einrichtungen, um das Thema „Alter" in all seinen Facetten und Ausprägungen aufzugreifen. Sie können mit entsprechenden Projekten und Angeboten eine neue Sicht auf ältere Menschen sowie auf Altersbilder entwickeln. Bibliotheken sprechen wie kaum eine andere Bildungseinrichtung alle Schichten der Bevölkerung gleichermaßen an. Sie sind ideale Begegnungsorte zwischen den Generationen. Generationenübergreifende Initiativen, die z. B. das Thema Zeitgeschichte oder Sprache beinhalten, verbessern das Verständnis füreinander.

10.1.1 Projekte in Österreich

Im Folgenden werden drei Projekte beispielgebend vorgestellt:

Bücherei Schoppernau[76]

Die Bücherei Schoppernau macht Erinnerungen lebendig

Reas hea... – Erinnerungen an vergangene Tage

---

75 Ehgartner, Reinhard: http://www.lebensspuren.net/projekt/ziele/index.html.

76 Die Bücherei Schoppernau macht Erinnerungen lebendig. http://www.lebensspuren.net/generationen/projekte/201001_schoppernau.html.

Die Frauen der Bücherei Schoppernau haben das Projekt „Reas hea... – Erinnerungen an vergangene Tage" gestartet, weil es ihnen ein Anliegen war und ist, Erinnerungen an das Leben von Eltern und Großeltern zu bewahren. Sie haben es sich zur Aufgabe gemacht, Erinnerungen an ganz alltägliche Dinge zu sammeln und aufzuschreiben, damit sie nicht vergessen werden. Die älteren Menschen aus der Region wurden aufgerufen, Erinnerungen an ihre Kindheit aufzuschreiben oder jemandem aus dem Büchereiteam zu erzählen. Mit dem Ziel, aus den Geschichten ein Buch zu machen, in dem alle Interessierten nachlesen können, wie das Leben damals war.

Im Bregenzerwälder Dialekt heißt „Reas hea... „ so viel wie „miteinander reden, ein Gespräch führen". Und das im positiven Sinn! „Lass üs a klinn Reas hea!" So sollte das Projekt verstanden werden. Die Mitarbeiterinnen der Bücherei haben sich erzählen lassen, wie das Leben im Alltag und zu besonderen Zeiten war. Es ging nicht darum, irgendwelche großartigen Dinge erlebt zu haben. Es ging um Erlebnisse ganz normaler Menschen. Und doch ist etwas ganz Besonderes daraus entstanden. Viele haben zu diesem Buch einen Beitrag geleistet. Viele haben mit ihrer Erzählung einen Einblick in ihre ganz persönliche Geschichte gewährt. Das komplett in Eigenregie entstandene Buch umfasst 260 Seiten, in dem sich 42 Personen in 106 Geschichten erinnern.

Im Dezember 2009 fand eine Präsentation in Schoppernau statt. Geschichten und Gedichte aus dem Buch, das käuflich zu erwerben ist, wurden – teilweise von den Schreibern selbst – gelesen und fanden beim Publikum großen Anklang.

Bücherei Trautmannsdorf[77]
„... es war trotzdem schön"
9–10 interviewt +/– 70

Die Kooperation zwischen einer Schulklasse einer Volksschule und der Bücherei führte zur Produktion einer DVD (Spielzeit ca. 1 Stunde 45 Minuten).

Der Titel ist schnell erklärt: 10 Kinder aus der 4. Klasse, die nun die Volksschule abgeschlossen haben, interviewten ihre Großeltern bzw. meist Großmütter, aber auch eine Großtante und eine Uroma, über deren Kindheit – Erinnerungen an ihre Schulzeit, ihren Alltag, wie sie Weihnachten oder Geburtstage gefeiert haben, ob sie als Kinder zu Hause arbeiten mussten und was sie in ihrer Freizeit machten. Meist war es ein Elternteil, der dabei gefilmt hat.

Das Ergebnis ist ein interessantes Stück Zeitgeschichte: die schwierigen Lebensverhältnisse der Nachkriegszeit, in der ein Mädchen höchstens eine Puppe besaß, die Kinder auf der Straße spielten und Kleider aus umgearbeiteten alten Sachen bekamen, am Christbaum Kekse oder eingewickelte Würfelzuckerstücke hingen, die Kinder vor der Schule im Stall halfen ... und „trotzdem war es schön!", meinte eine Interviewte.

Außerdem erfährt man einiges über das damalige Aussehen der Dörfer Trautmannsdorf, Sarasdorf, Gallbrunn und Stixneusiedl, heute zu einer Großgemeinde zusammengelegt, erklingen Schlager der Zeit, werden alte Fotos und lustige Zeichnungen eingeblendet. In einer Abschlussrunde mit ihrer Lehrerin Uschi Aldrian kommen wieder die Kinder zu Wort, denen die Erinnerungen ihrer Großeltern eine unbekannte und beeindruckende Welt eröffneten.

Das Projekt wurde vom Land Niederösterreich gefördert.

Die DVD dokumentiert, wie durch diese Idee und ihre gelungene Form der Umsetzung eine neue Form von Gespräch und Austausch zwischen den Generationen angeregt wird und tieferes Verständnis für einander wächst. Zugleich entsteht ein Dokument lokaler Zeitgeschichte, das in der Bibliothek und der Gemeinde zu weite-

77 „... es war trotzdem schön". http://www.lebensspuren.net/generationen/projekte/201002_trautmannsdorf.html.

rer Auseinandersetzung einlädt und zu verschiedenen Formen der Fortsetzung und Weiterentwicklung anregt.

Bibliothek Elixhausen[78]
Generationendorf Elixhausen
Eine Bibliothek bringt sich aktiv in die Bewegung ein

Die öffentliche Bibliothek in Elixhausen unterstützt mit ihren Angeboten das „Generationendorf" Elixhausen. Sie organisiert Veranstaltungen zu speziellen Themen und für alle Altersgruppen.

Eines regen Zuspruchs erfreut sich die Veranstaltungsreihe „Vorlesen für Kinder": Ehrenamtlich engagierte SeniorInnen lesen in regelmäßigen Abständen nachmittags während der Entlehnzeit Kindern bis ca. 10 Jahren aus dem reichen Büchereischatz an Kinder- und Jugendliteratur sowie aus selbst mitgebrachten, geliebten Büchern mindestens eine Stunde lang vor.

Die gemütlich gestaltete Kinderecke bietet hier den gebannt lauschenden jungen ZuhörerInnen eine ideale Rückzugszone, um ungestört in die Welt der mit viel Wärme und Begeisterung vorgetragenen Geschichten abtauchen zu können. Auftauchende Fragen werden aufmerksam und geduldig beantwortet, für Gespräche bleibt ausreichend Raum. Intensiver Blickkontakt und strahlende Gesichter sind sichtbare Zeichen einer beglückenden Begegnung der Generationen.

Stadtbücherei Dornbirn[79]

Die Stadtbücherei Dornbirn beteiligte sich zusammen mit dem Stadtarchiv von 2006 bis 2008 unter dem Motto „Roots and Wings" an einem EU-Projekt zum Thema „Lifelong Learning for Senior Citizens". Beteiligt an diesem Grundtvig-Projekt waren Deutschland, Finnland, Schottland, Spanien und Portugal.

„Die Projektaktivitäten von Stadtarchiv und Stadtbücherei wurden vor dem Hintergrund entwickelt, ältere und jüngere Menschen mit unterschiedlichen Bildungserfahrungen über die Auseinandersetzung mit der eigenen Geschichte zu motivieren (Roots), neue Perspektiven in der Betrachtung der eigenen Person und damit auch der Umwelt einzunehmen (Wings). Das Lernen in und mit der Gruppe ermöglichte den Teilnehmenden die Erfahrung, ihr bisheriges Leben als wertvoll anzusehen und als Bereicherung für andere Menschen zu erleben. Im Laufe des Projekts wurde prozessorientiert gearbeitet. Durch die unterschiedlichen Zugänge der beiden Einrichtungen wurde erreicht, dass Menschen auf verschiedenen Ebenen angesprochen und zum Lernen angeregt wurden. Die europäische Dimension verstärkte den Lerneffekt."

10.2 Schweiz

Die Bevölkerung der Schweiz wird in den kommenden Jahren zunehmen. Die Zahl wird von 7,8 Mio. Ende 2009 auf 9 Mio. im Jahr 2060 ansteigen. Diese Entwicklung be-

---

78 Generationendorf Elixhausen. http://www.lebensspuren.net/generationen/projekte/200906_elixhausen.html.

79 Dokumentation- und Abschlußbericht Roots and Wings. http://www.dornbirn.at/uploads/media/Roots_and_Wings_Doku-_u_Abschlussbericht_08.pdf.

ruht in der Hauptsache auf Zuzug von außen. Gegenwärtig liegt der Anteil der Personen ab 65 Jahren bei 17 %. Er wird sich rasch erhöhen und 2060 bei ca. 28 % liegen.[80]

Die Senioren sind kulturell sehr aktiv. Sie besuchen vorrangig historische Stätten, Konzerte, Museen, Theater und Ausstellungen. Bibliotheken oder Mediotheken werden von 31 % der 55- bis 64-Jährigen, von 26 % der 65- bis 74-Jährigen und von 14 % der 75-Jährigen und älter genutzt. Dabei spielt die Vorbildung bzw. die berufliche Stellung vor der Pensionierung eine nicht unerhebliche Rolle. 32 % der Pensionisten, die einen akademischen Beruf hatten, Führungskraft waren bzw. gleichrangige Berufe ausübten, kommen in die Bibliothek. Dem gegenüber stehen 16 % Bibliotheksbesucher aus dem Fachkräftebereichen Handwerk, Landwirtschaft, Dienstleistung und dem kaufmännischen Bereich.

Das Ausüben eigener kultureller Aktivitäten im Alter zeigt sich u.a. darin, dass 14 % der 55-bis 64-Jährigen, 12 % der 65- bis 74-Jährigen und 14 % der 75-Jährigen und älter Gedichte und Kurzgeschichten schreiben.

Bei den Medien präsentiert sich ein unterschiedliches Bild. Die Printmedien sind bei allen Senioren verbreitet. Bei der großen Mehrheit, zwischen 84 % und 86 % der 55- bis über 75-Jährigen, ist das tägliche Zeitungslesen üblich. Bücherlesen ist weniger verbreitet, besonders häufiges Bücherlesen. Nur 18 % bis 21 % bezeichnen sich als häufige Bücherleser. Im Schnitt liest nur ein Fünftel der Älteren mehr als ein Buch pro Monat.

Die Internetnutzung ist bei Älteren nicht sehr verbreitet. Etwa 28 % der 55- bis 64-Jährigen, 22 % 65– bis 74-Jährigen und 10 % der über 75-Jährigen sind weniger oft im World Wide Web. Hier ist zu bedenken, dass diese Altersgruppe vermutlich erst im Pensionsalter PC-Erfahrung macht.[81]

Auch Facebook erfährt immer mehr Beliebtheit bei den Älteren. Den stärksten Anstieg wiesen die über 60-Jährigen Nutzer auf, die finanzstärkste Altersgruppe der Schweiz.[82]

Die Zahl der Senioren wird aufgrund der älter werdenden Bevölkerung zukünftig weiter ansteigen. Daher sind öffentliche Bibliotheken gefordert, die Zielgruppe der Senioren stärker in ihren Fokus zu rücken. Welche Bestände, Veranstaltungen und Dienstleistungen sind in öffentlichen Bibliotheken der Deutschschweiz vorhanden? Welche Räumlichkeiten werden Älteren geboten und werden sie als Ehrenamtliche in das Aufgabenfeld der Bibliotheken integriert?

Zusätzlich zu zahlreichen Veranstaltungen für Ältere werden in einigen Schweizer Bibliotheken Schulungen speziell für „Silver Surfer" angeboten.

10.2.1 Projekte in der Schweiz

In der Schweiz haben einige Bibliotheken für die Zielgruppe der Älteren extra Angebote.

---

80 Weiteres Wachstum und markante Alterung der Bevölkerung in den nächsten Jahrzehnten in Medienmitteilung des Bundesamtes für Statistik (BFS) 1.7.2010 www.**bfs**.admin.**ch**/**bfs**/portal/.../medienmitteilungen.Document.132627.pdf.

81 Newsletter Demos. Informationen aus der Demografie. Nr. 1 Januar 2012 Thema: Aktives Altern, S. 5 ff.

82 Facebook - Die Schweiz in Zahlen, 29.02.2012 in: http://socialmediaschweiz.ch/html/ch_fb_publikationen.html.

Bibliothek Langenthal

„Die Bibliothek Langenthal bietet Veranstaltungen speziell für die ältere Generation. Die Veranstaltungen unter dem Titel ‚Generation plus – Angebote für Menschen ab 60‘ fokussiert vor allem auf die Benutzung des Bibliothekskataloges (OPAC) und wie man darin recherchiert.

Der Großelternkoffer, den es zu verschiedenen Themen gibt, beinhaltet neben spannenden Büchern zum Vorlesen, Hörbücher und Filme zum gemeinsamen Entdecken.

Außerdem beteiligte sich Ende 2012 eine Gruppe am Prix Chronos 2013. Bei diesem gesamtschweizerischen Projekt, welches von Pro Senectute organisiert wird, lesen Seniorinnen und Senioren und eine Schülergruppe dieselben fünf Jugendbücher und bestimmen anschließend in einer gemeinsamen Diskussion ihren Favoriten.“[83]

Kantonsbibliothek Uri Stiftung

Ein Beispiel eines mehrdimensionalen Veranstaltungsangebotes bietet die Kantonsbibliothek Uri Stiftung. Das Angebot „50 plus. Kaffee, Gipfeli, Bücher, E-Books und Katalog“ bildet eine gute Kombination aus altbekannten Medien wie Büchern und den neuen digitalen Medien. Neben dem Vorstellen von neuen Sachbüchern und Belletristik in verschiedenen Themenbereichen wird auch auf den OPAC und neue Medien wie E-Reader und E-Books eingegangen. Sowohl in der Kantonsbibliothek Uri Stiftung als auch in der Bibliothek Langenthal werden während der Veranstaltungen Kaffee und Gipfeli angeboten. Eine gemütliche und entspannte Stimmung ist damit garantiert.[84]

Regula Trachsler hat eine Bachelorarbeit zum Thema „Angebote für Senioren in Deutschschweizer Bibliotheken“[85] geschrieben und in ihrem Fazit u. a. festgestellt, dass es noch wenig Kenntnisse in den Bibliotheken über Angebote für Senioren gibt. Sie befragte 297 Bibliotheken und wertete 215 Antworten aus. In Bezug auf den Medienbestand bieten 21,3 % der Bibliotheken spezielle Medien für die Zielgruppe an einem extra Standort an. Die Mehrheit der Bibliotheken präsentiert die Medien zu bestimmten Themen wie z. B. Gesundheit, Computer, Pensionierung, Gedächtnistraining aber im übrigen Bestand. Trachsler ermittelte, dass „bei den Dienstleistungen Grossdruckbücher, Unterstützung bei der Recherche und Hörbücher von der Mehrheit der Befragten angeboten werden“[86]. Hinsichtlich einer spezifischen Programmarbeit für Ältere ist wenig zu finden. Am häufigsten wird lt. Trachsler noch das generationenübergreifende Projekt „Prix Chronos“[87] angeboten, an welchem sich 36 Bibliotheken beteiligen.

---

83 Homepage der Bibliothek Langenthal. http://www.bibliothek-langenthal.ch/de/angebote/erleben/generationplus/.

84 Silver Surfer. http://htwsilversurfer.wordpress.com/2013/04/18/schulungs-und-weiterbildungsangebote-in-bibliotheken/.

85 Trachsler, Regula: Angebote für Senioren in Deutschschweizer Bibliotheken 2011 in: Churer Schriften zur Informationswissenschaft, Schrift 46 http://www.htwchur.ch/uploads/media/CSI_46_Trachsler.pdf.

86 Trachsler, Regula: a.a.O., s. 87.

87 Prix Chronos ist der Generationenbuchpreis von Pro Senectute. Er ist Generationenprojekt, Leseanimation und Buchpreis in einem und wird bereits zum neunten Mal in der Deutschschweiz verliehen.
http://www.pro-senectute.ch/de/angebote/generationenprojekte/prix-chronos/was-ist-das.html.

Die Mehrheit der Bibliotheken ist wenigstens in Teilen rollstuhlgerecht erreichbar. Nur wenige Bibliotheken beziehen Ehrenamtliche in ihre Arbeit mit ein. Allerdings planen einige Bibliotheken Angebote für Ältere. Gründe hierfür liegen in Veränderungen äußerer Umstände bzw. in der jährlichen Schwerpunktsetzung der Bibliotheken.

Inwieweit ältere Menschen spezielle Angebote für sich erwarten, ließe sich nur durch eine Befragung ermitteln. In diesem Sinn nimmt Trachsler[88] an, dass bei den Themen, die für Senioren interessant sein könnten, das Angebot ausbaufähig ist. Das gleiche gilt für die Dienstleistungen. Das meiste Potential sieht sie in einer gezielten Programmarbeit (z. B. Lesungen, Erzählcafe, OPAC-Einführungen).

Im Laufe ihrer Arbeit stellt Trachsler fest, dass die „Senioren eine heterogene Gruppe sind, sich das Leseverhalten nach der Pensionierung nicht verändern muss und individuell bleibt, sich lediglich der Informationsbedarf ändern kann."[89] Sie bemerkt weiterhin, dass eine Herausforderung für Bibliotheken ist, sinnvolle Angebote zu entwickeln, und dass Bibliotheken individuelle Lösungen bevorzugen.

10.3 Italien – Südtirol

Eines der Länder in Europa, deren Bevölkerung mit am schnellsten altert, ist Italien. „Jeder vierte in Italien ist heute über 60 Jahre. Laut ISTAT liegt die durchschnittliche Lebenserwartung bei Frauen gegenwärtig bei 84, bei den Männern bei 79 Jahren."[90]

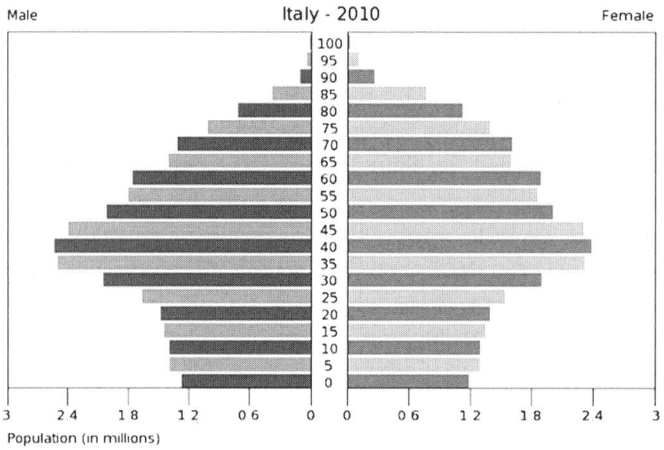

Abb. 21: Bevölkerungspyramide Italien

Eine Studie der Wirtschaftsförderung der Handelskammer Bozen sagt voraus, dass die Bevölkerung Südtirols einen kontinuierlichen Anstieg der Altersgruppe 65 plus verzeichnen kann. Im Jahr 2025 werden 22,5 % und im Jahr 2050 31 % der Gesamtbevölkerung älter als 65 Jahre sein. Damit wandeln sich die Strukturen in der Gesellschaft und Bibliotheken haben als öffentliche Einrichtungen die Möglichkeit,

88 A.a.O. S. 89.
89 A.a.O., S. 92.
90 Platzer, Monika: Der demografische Wandel – neue Herausforderungen für Bibliotheken in: Zum Lesen 1/2011, S. 22.

den demographischen Wandel bewusst mitzugestalten. Nach Ansicht von Platzer sind öffentliche Bibliotheken zentrale Orte der Begegnung, die den Älteren soziale Kontaktmöglichkeiten bieten, um der drohenden Vereinsamung entgegenzuwirken. Außerdem können sie Angebote entwickeln, damit ältere Menschen ihr Wissen, gerade im Hinblick auf den technischen Fortschritt, erweitern können. Letzteres ist ein wichtiger Beitrag zum lebenslangen Lernen und zur Verhinderung bzw. Verringerung der digitalen Spaltung.

Die vielschichtigen Interessen älterer Menschen, die zunehmend gute körperliche Verfassung und die geistige Beweglichkeit werden zu einer Neubewertung des Alters und der Altersbilder führen. Ältere wollen außerdem nicht nur konsumieren, sondern auch teilhaben an der Gesellschaft, indem sie ihre Fähigkeiten und Kenntnisse einbringen können. Das Ehrenamt wird auch in Südtirol zunehmend an Bedeutung gewinnen. Hochbetagten oder immobilen Menschen wird zunehmend Aufmerksamkeit geschenkt. Mobile bibliothekarische Dienste sowie die Unterstützung der Senioreneinrichtungen werden verstärkt zur Aufgabe öffentlicher Bibliotheken.

Es ist wichtig, dass die Bibliothekare diese gesellschaftliche Aufgabe wahrnehmen und durch gezielte Angebote die älteren Menschen in die Bibliothek einladen.[91]

10.3.1 Projekte in Südtirol

Nicht zuletzt aufgrund der älter werdenden Bevölkerung in Südtirol haben einige Bibliotheken begonnen, mit entsprechenden Angeboten darauf zu reagieren.

Mittelpunktbibliothek Eppan

Der Bibliotheksleiter Christian Kofler berichtete in einem Interview[92], dass die Bibliothek bereits seit 1997 Programmarbeit für Senioren macht. Auf Initiative des aktiven, örtlichen Seniorentreffs wurde die Bibliothek gebeten, Bücher für ältere Menschen vorzustellen. Diese Aktion war so erfolgreich, dass das Angebot in den Seniorentreff verlegt wurde, da dieser im Gegensatz zur Bibliothek ein wöchentliches Programm anbietet. Christian Kofler betont dieses sinnvolle Angebot, da er der Ansicht ist, dass ältere Menschen zum einen noch aktiv sind und zum anderen das gleiche Recht haben, Bibliotheken zu nutzen wie andere Zielgruppen auch. Inzwischen gibt es ergänzend zu den Buchvorstellungen heimatkundliche Angebote wie Filme. Hier kommt es im Anschluss häufig zum Gespräch und zum Austausch. Diese Form der Erinnerungsarbeit ist für Ältere sehr wichtig. Auch die Begegnungen mit der jüngeren Generation sind für die Älteren sehr wichtig. Diese erfolgen, indem manche Veranstaltungen durch junge Musikantinnen begleitet werden.

---

91 Platzer, Monika: a.a.O.
92 Klotz, Volker: Zielgruppenarbeit in der Bibliothek St. Michael/Eppan in: Zum Lesen, 1/2011, S. 24 ff.

11 Fazit

Bibliotheken als Ort der Begegnung für alle Bevölkerungsgruppen sollten sich nicht an Ausleihzahlen messen lassen, sondern an ihren Besucherzahlen. Diese wiederum hängen davon ab, welche Aufenthaltsqualität und Angebote die einzelne Bibliothek zu bieten hat. Bei Bibliotheksangeboten für Ältere ist es nicht unbedingt einfach, das passende Programm anzubieten. Ältere wollen und sollen auch nicht in eine Ecke gedrängt werden. Sie sind eine heterogene Gruppe mit vielfältigen Interessen. Ob ihr Leseverhalten der jüngeren Generation entspricht und daher seniorenspezifische Bestände unnötig sind, ist pauschal nicht zu beantworten. Allerdings ändern sich Interessen, gesundheitliche Einschränkungen können hinzukommen, technische Neuerungen entstehen und wollen verstanden werden.

Es ist daher zu überlegen, welche Angebote es für Senioren geben muss, damit sie aktiv am gesellschaftlichen Leben teilnehmen können.

Hinzu kommt, dass Kulturarbeit in Zukunft nicht mehr ohne ehrenamtliche Mitarbeiter auskommen wird. Aufgrund des demographischen Wandels wird es weniger junge und mehr ältere Menschen geben. Viele sind geistig und körperlich fit und möchten einen konstruktiven Beitrag für die Gesellschaft und für nachkommende Generationen leisten. Die Lebenserfahrungen Älterer sollten Bibliotheken nicht ungenutzt lassen und für sich und ihre Arbeit positiv nutzen.

Die Bibliothekskonzepte für Ältere beruhen auf

a) der Vermittlung von Informationskompetenz durch den Einsatz adäquater Medien und Literatur;
b) einem speziellen Veranstaltungsangebot (Lesungen, Schreibwerkstatt, Vorträge);
c) der Nutzung des vorhandenen Wissens durch Einbindung von Senioren in die aktive Mitarbeit an Bibliotheken (z. B. Lesepaten).

Das Angebot kann ausgeweitet und verstärkt werden in den Bereichen

a) Freizeitgestaltung: erweitertes kulturelles Angebot, welches auch die sozialen Bedürfnisse älterer Menschen befriedigt;
b) Bildung für Senioren;
c) Stärkung der Technikaffinität durch multimediale Angebote und dadurch Verhinderung bzw. Verringerung der digitalen Spaltung;
d) Barrierefreiheit auf Webseiten in Bezug auf Navigation und Leitsysteme.

Zitat:
„Die größte Kulturleistung eines Volkes sind die zufriedenen Alten."
(Japanisches Sprichwort)

Das zentrale Problem der alternden Gesellschaft besteht nicht darin, dass so viele Menschen immer älter werden. Es stellt sich vielmehr die Frage, wie die Gesellschaft mit dieser Tatsache umgeht und wie die älteren Menschen die gewonnenen Jahre sinnvoll für sich selbst und die Gesellschaft ausfüllen können, ohne sich abgeschoben und als Last fühlen zu müssen.

12 Literatur und Internetlinks

Literaturverzeichnis

Bayer, Carolin: Computerkurse in der Stadtbibliothek Straubing. Ein Praxisbericht. (per E-Mail 2/2012)

Bulach-Reuter, Petra: Seniorenkonzept 55 plus der Stadtbibliothek Aschaffenburg. Ein Praxisbericht. (per E-Mail 2/2012)

Czudnochowski-Pelz, Inga, 2000: Vom Ehrenamt zur Selbsthilfe, BuB 52, S. 22 ff.

Eimeren Birgit, Frees, Beate, 2010: Fast 50 Millionen Deutsche online – Multimedia für alle? In: Media Perspektiven 7-8, S. 334 ff.

Helck, Simone, Wilken, Britta, 2011.: Warum Lesen so wichtig ist ... In: Pro Alter H: 1/2, S. 9 ff.

Keite, Uta, 2009: Eine Bücherhalle auf zwei Beinen In: BuB S. 635 ff., H. 9

Klotz, Volker, 2011: Zielgruppenarbeit in der Bibliothek St. Michael/Eppan in: Zum Lesen, H. 1, S. 24 ff.

Kulzer, Gudrun, 2003: Computern im Rentenalter. Internetkurse für Senioren und Seniorinnen in Straubing. In: öBiB 1, S. 31 ff.

Lang, Tina: Computerkurse in der Stadtbibliothek Villingen-Schwenningen. Ein Praxisbericht (per E-Mail 1/2012)

Lesen in Deutschland 2008: Stiftung Lesen, S. 22, S. 57

Lesen im Dritten Lebensalter – Wege zum Buch, 1998 In: Forum Demographie und Politik special

Newsletter Demos, 2012: Informationen aus der Demografie. Nr. 1 Thema: Aktives Altern, S. 5 ff.

Platzer, Monika, 2011: Der demografische Wandel – neue Herausforderungen für Bibliotheken in: Zum Lesen H. 1, S. 22

Reinhardt, Susie, 2011: Wie man jünger wird In: Psychologie heute H. 4, S. 8 ff.

Schindler, Stefan: Organisation von Büchern auf Rädern und den Medienkisten in der Stadtbibliothek Villingen-Schwennigen. Ein Praxisbericht (per E-Mail 1/2012)

Trachsler, Regula, 2011: Angebote für Senioren in Deutschschweizer Bibliotheken, S. 44

Vorlesen von und für Senioren In: BiblioTheke, S. 12 ff., 2008

Internetlinks

Die Alternative zum Ruhestand in: www.Serviceseiten50plus.de

http://www.serviceseiten50plus.de/themen-fenster/freizeit/langseite-freizeit/article/senioren-studium-ein-zunehmender-trend/ (Zugriff 15.05.2013)

Arbeitnehmer gehen später in Rente in: Spiegel online vom 8.9.2010 http://www.spiegel.de/wirtschaft/soziales/0,1518,716277,00.html (Zugriff 15.05.2013)

BAGSO

http://www.bagso.de/fileadmin/Aktuell/Verbraucherempfehlung/checkliste_print_11_2010.pdf (Zugriff 16.04.2013)

Buhl, Kriemhild: Schreibwerkstatt der Stadtbücherei Würzburg

http://www.wuerzburg.de/stadtbuecherei/veranstaltungen/schreibwerkstatt/index.html (Zugriff 16.04.2013)

Bundesministerium für Bildung und Forschung Bürgerreport

http://www.bmbf.de/pubRD/BDZ_D_Buergerreport_final_barrierefrei.pdf (Zugriff 12.03.2013)

Bundeszentrale für politische Bildung.

http://www.bpb.de/nachschlagen/zahlen-und-fakten/soziale-situation-in-deutschland/61541/altersstruktur (Zugriff 14.9.2012)

Demenz

http://www.aktion-demenz.de/foerderprogramm/projektberichte-2-auflage/275.html (Zugriff 14.05.2013)

Lesefreude erhalten – zielgruppenorientierte Bibliotheksarbeit für Menschen mit Demenz – http://www.haw-hamburg.de/uploads/media/ProjektberichtLesefreude_2013_02_14.pdf (Zugriff 14.05.2013)

http://www.bz-sh.de/index.php?option=com_content&view=article&id=257:medien-fuer-die-begleitung-von-menschen-mit-demenz&catid=54:dienstleistungen&Itemid=296

www.bmfsfj.de/BMFSFJ/Aeltere-Menschen/demenz.html (Zugriff 14.05.2013)

Brand, Susanne/Simons, Oke: Demenz als Thema für Bibliotheken

http://www.opus-bayern.de/bib-info/volltexte/2013/1362/pdf/Endfassung_Demenzprojekt_Kongress_3.pdf (Zugriff 14.05.2013)

Gablers Wirtschaftslexikon

http://wirtschaftslexikon.gabler.de/Archiv/895002/demografischer-wandel-v3.html (Zugriff 12.01.2013)

http://wirtschaftslexikon.gabler.de/Archiv/2581/demografische-alterung-v9.html (Zugriff 12.01.2013)

Germis, Carsten: Japan, das älteste Land der Welt in: FAZ 1.10.2011 http://www.faz.net/aktuell/wirtschaft/wirtschaftspolitik/japan-das-aelteste-land-der-welt-11447041.html (Zugriff 01.10.2011)

Sechster Altenbericht veröffentlicht: Altersbilder in der Gesellschaft; 17.10.2010

http://www.bmfsfj.de/BMFSFJ/aeltere-menschen,did=164568.html (Zugriff 17.05.2013)

Soll man ältere Menschen Senioren nennen? In: http://www.seniorenmarkt.de/ vom 4.07.2013 (Zugriff 04.07.2013)

Ehrenamt

Bibliotheken und Bürgerschaftliches Engagement: Eine Standortbestimmung hrsg. DBV u. a.

http://www.bibliotheksverband.de/fileadmin/user_upload/DBV/publikationen/B%C3%BCrgerschaftliches_Engagement_Standort_Umfrage_Ausdruck.pdf (Zugriff 14.05.2013)

Hauptbericht des Freiwilligen Survey 2009

http://www.bmfsfj.de/RedaktionBMFSFJ/Broschuerenstelle/Pdf-Anlagen/3.Freiwilligensurvey-Zusammenfassung,property=pdf,bereich=bmfsfj,sprache=de,rwb=true.pdf (Zugriff 14.05.2013)

Homepage Bücherei Alfter

http://www.buecherei-alfter.de/lesefoerd.htm (Zugriff 14.05.2013)

Homepage Las Vegas Library

http://www.lvccld.org/seniors/computer_classes/index.cfm (Zugriff 20.01.2013)

Homepage Stadtbibliothek Erkrath

https://www.erkrath.de/index.phtml?La=1&sNavID=1630.83&mNavID=1.100&object=tx|1630.1019.1&sub=0 (Zugriff 18.05.2013)

Homepage Stadtbibliothek Gütersloh

http://www.stadtbibliothek-guetersloh.de/Seite/GenerationPlus_Node_9160.htm (Zugriff 18.05.2013)

Homepage Stadtbibliothek Villingen-Schwenningen

http://www.villingen-schwenningen.de/bildung/stadtbibliothek/senioren.html (Zugriff 18.05.2013)

Homepage Stadtbibliothek Bochum

http://www.bochum.de/C125708500379A31/CurrentBaseLink/W273Y9QL319BOLDDE (Zugriff 18.05.2013)

Keite, Uta: Bürgerengagement bei den Bücherhallen Hamburg. Vortrag am 18.02.2013 in Berlin.

http://www.bibliotheksverband.de/fachgruppen/kommissionen/management/fortbildung/bibliotheken-und-zivilgesellschaft.html (Zugriff 18.05.2013)

KOJALA

https://www.kojala.de/aktivitaeten/virtuelle-lernprojekte/lesepatenschaft (Zugriff 15.06.2013)

https://www.kojala.de/aktivitaeten/virtuelle-lernprojekte/kalte-zeiten (Zugriff 15.06.2013)

https://www.kojala.de/sites/default/files/kalte_zeiten-broschuere-web.pdf (Zugriff 15.06.2013)

http://www.uni-ulm.de/en/einrichtungen/zawiw/ulmer-lernnetzwerk-kojala.html (Zugriff 15.06.2013)

Wigger, Elsbeth: Gelingende Zusammenarbeit von Ehrenamtlichen und Hauptamtlichen – Vorleseprojekt mit Ehrenamtlichen als Bereicherung des Bibliotheksangebotes in der Stadtbibliothek Rheine. Vortrag am 19.02.2013 in Berlin.

http://www.bibliotheksverband.de/fileadmin/user_upload/Kommissionen/Kom_Management/Fortbildung/2013VortragDruck.pdf (Zugriff 15.06.2013)

Lebensspuren

Ehgartner, Reinhard

http://www.lebensspuren.net/projekt/ziele/index.html (Zugriff 15.04.2013)

Die Bücherei Schoppernau macht Erinnerungen lebendig. http://www.lebensspuren.net/generationen/projekte/201001_schoppernau.html (Zugriff 15.04.2013)

„... es war trotzdem schön". http://www.lebensspuren.net/generationen/projekte/201002_trautmannsdorf.html (Zugriff 15.04.2013)

Generationendorf Elixhausen. http://www.lebensspuren.net/generationen/projekte/200906_elixhausen.html (Zugriff 15.04.2013)

Dokumentations- und Abschlussbericht Roots and Wings. http://www.dornbirn.at/uploads/media/Roots_and_Wings_Doku-_u_Abschlussbericht_08.pdf (Zugriff 15.04.2013)

Lesen im Alter in:

http://www.senioren.lerntipp.at/Lesen-im-Alter.shtml (Zugriff 13.04.2011)

Lizzynet

http://www.lizzynet.de/wws/5413924.php?sid=25927281903058660336843334334670 (Zugriff 15.04.2013)

Mathea, Christian: Senioren verändern unsere Gesellschaft

in: http://www.news.de/wirtschaft/1734/senioren-veraendern-unsere-gesellschaft/1/ vom 8.6.2009 (Zugriff 15.04.2013)

Österreich

http://de.statista.com/statistik/daten/studie/19292/umfrage/gesamtbevoelkerung-in-oesterreich/ (Zugriff 15.04.2013)

Büchereiverband Österreich BVÖ

http://www.bvoe.at/mediafiles/22/Doku-Studie-kern_XberarbeitungenBMUKKl.pdf (Zugriff 15.04.2013)

Österreichs Bevölkerung wächst und altert

http://www.statistik.at/web_de/presse/033887(Zugriff 15.04.2013)

Statistik Austria - Demographische Prognosen

https://www.statistik.at/web_de/statistiken/bevoelkerung/demographische_prognosen/index.html (Zugriff 15.04.2013)

Schweiz

Weiteres Wachstum und markante Alterung der Bevölkerung in den nächsten Jahrzehnten in Medienmitteilung des Bundesamtes für Statistik (BFS) 1.7.2010 www.bfs.admin.ch/bfs/portal/.../medienmitteilungen.Document.132627.pdf (Zugriff 15.04.2013)

Homepage der Bibliothek Langenthal

http://www.bibliothek-langenthal.ch/de/angebote/erleben/generationplus/ (Zugriff 15.04.2013)

Silver Surfer.

http://htwsilversurfer.wordpress.com/2013/04/18/schulungs-und-weiterbildungsangebote-in-bibliotheken/ (Zugriff 15.04.2013)

Facebook - Die Schweiz in Zahlen, 29.02.2012 in: http://socialmediaschweiz.ch/html/ch_fb_publikationen.html (Zugriff 15.04.2013)

Prix Chronos ist der Generationenbuchpreis von Pro Senectute. Er ist Generationenprojekt, Leseanimation und Buchpreis in einem. Er wird bereits zum neunten Mal in der Deutschschweiz verliehen.

http://www.pro-senectute.ch/de/angebote/generationenprojekte/prix-chronos/was-ist-das.html (Zugriff 15.04.2013)

Schwichtenberg, Jutta: Bibliothekscafe mit Älteren in der Stadtbibliothek Gelsenkirchen http://www.id55.de/ausdenstaedten/gelsenkirchen/zukunft.html (Zugriff 15.03.2013)

Immer mehr Senioren online. 30.09.2009 (Zugriff 15.03.2013)

http://www.blogspan.net/5326-immer-mehr-senioren-online.html

Seniorenstudie 2009 des Börsenvereins zur Einstellung älterer Menschen zu Büchern

http://www.boersenblatt.net/373261/template/bb_tpl_branchenstudien/ (Zugriff 15.03.2013)

Seniorenzeitschriften

http://www.ab55.info/Seniorenzeitschriften.html (Zugriff 18.04.2013)

Spiele für Senioren

http://www.tipps.net/spiele-fuer-senioren-6-tipps.html (Zugriff 18.04.2013)

Stadelhofer, Carmen: Seniorinnen und Senioren in der Informationsgesellschaft: Vortrag am 05.07.2011 in Bad Urarch

http://www.lpb-bw.de/fileadmin/Abteilung_IV/neue_medien/pdf/bibliotheken/Bibliotheken_2011/Seniorinnen_und_Senioren_Stadelhofer.pdf (Zugriff 18.04.2013)

Statistische Bundesamt Deutschland: Pressemitteilung Nr. 343 vom 20.09.2011 http://www.destatis.de (Zugriff 01.10.2011)

Südtirol

VILE

https://www.vile-netzwerk.de/wir-ueber-uns.html (Zugriff 15.04.2013)

Wegweiser Kommune

www.wegweiser-kommune.de/ (Zugriff 15.04.2013)

Zusatzinformationen zur Zielgruppe der Älteren:

Bibliothek des Deutschen Zentrums für Altersfragen http://www.dza.de/bibliothek.html

Digitale Stiftung Chancen: Senioren und Seniorinnen http://www.digitale-chancen.de/content/sections/index.cfm/secid.14

Europäisches Zentrum für universitäre Studien der Senioren Ostwestfalen-Lippe (EZUS): Universitäre Bildungseinrichtung für Senioren http://www.ezus.org/

Generali Zukunftsfonds (Hrsg.): Generali Altersstudie 2013: Wie ältere Menschen leben, denken und sich engagieren ISBN: 978-3-596-18935-9

Wie denken und leben ältere Menschen? Welche Auswirkungen hat der demografische Wandel für unsere Gesellschaft? Was kann, was muss getan werden, um ihn zu gestalten? In dieser umfassenden Studie des Instituts für Demoskopie Allensbach zur Lebenssituation Älterer finden sich Antworten.

Osborn, Caroline (u. a.): Erinnern: Eine Anleitung zur Biografiearbeit mit älteren Menschen – Lambertus, 2012

Prognosen zur künftigen Altersstruktur, aufgeschlüsselt nach Gemeinden (ein Projekt der Bertelsmannstiftung) http://www.wegweiser-kommune.de/

Stabsstelle für Gleichstellung und Sozialplanung der Stadt Jülich: Schatzkiste des Lebens – Biografiearbeit mit Senioren, 2004 http://www.juelich.de/senioreninsnetz/trainthetrainer/Train-the-Trainer-Modul-3.pdf

13 Abbildungsverzeichnis

Über die Autorin

Gudrun Kulzer aus Straubing/Niederbayern ist Diplombibliothekarin und hat einen Masterabschluss in Leitung und Kommunikationsmanagement. Sie war über 20 Jahre in verschiedenen Funktionen in Bibliotheken unterschiedlicher Größenordnung tätig. Im Rahmen ihres Stipendiums der Bertelsmannstiftung war sie 2003 vier Wochen in den USA und informierte sich über die Arbeit der amerikanischen Kolleginnen mit Älteren. Seit 2005 hält sie Vorträge und Fortbildungen für bibliothekarische und nicht bibliothekarische Institutionen und Verbände im In- und Ausland. Anfang 2013 hat sie zusammen mit ihrem Mann ein Beratungsunternehmen (Bibliotheksconsulting) für Bibliotheken gegründet und ist seitdem als Seminarleiterin und Trainerin für verschiedene Themen tätig. Sie arbeitet u.a. mit Fachstellen für öffentliche Bibliotheken und dem ZBIW in Köln zusammen.